중국 웨이하이 버스 사고로 떠난 11명의 '보배'들을 기억하며

슬픔,
나비 되어
날아가다

김규식 · 엄미라 · 김지희 · 전연수 · 정정호 공저
(영남신학대학교 학생생활상담소)

도서
출판 **밀알서원**

도서 출판 **밀알서원**

밀알서원(Wheat Berry Books)은 **CLC**가 공동으로 운영하는 복음주의 출판사로서 신앙생활과 기독교문화를 위한 설교, 시, 수필, 간증, 선교, 경건 서적 등을 출판하고 있습니다.

GRIEF, FLYING WITH THE BUTTERFLIES

Edited by
Dr. Kyusik Kim

Korean Edition
Copyright © 2018 by Wheat Berry Books
Seoul, Korea

우리가 이 책에서 활용하고 있는 다양한 사례들은 독자들이 트라우마의 증상과 심리상담 과정을 쉽게 이해하도록 하기 위한 목적으로 사용되었기 때문에 사례에 등장하는 내담자들의 이름은 가명으로 처리하여 개인정보를 보호하고자 하였다. 그리고 어떤 사례는 여러 사람의 이야기를 혼합하여 재구성하였다.

추천사 1

오규훈 박사
영남신학대학교 총장

인생은 수학이 아니라고 한다. 계산대로 혹은 예측한 대로 살아지지 않는다는 뜻이리라.

인생을 살다 보면 원치 않는 일들이 불쑥 우리를 찾아온다.

위기.

누구에게나 예외 없이 찾아온다. 위기를 알고 극복할 줄도 안다고 생각해왔지만 막상 당하면 당황스럽다. 돌이킬 수도, 되돌릴 수도 없다.

그냥 앉아서 당할 수밖에 없다. 헌데 그 사실이 우리를 더 사망의 음침한 골짜기로 몰아넣는다. 견디어내는 게 해답이라는 것을 알지만 견디면 견딜수록 인생이 원망스럽게 여겨지기 때문이다.

사랑하는 사람들이 속절없이 그냥 떠나버리는 것이다.

"잘 다녀와."

"이따 봐."

매일 반복해서 하던 말이었는데, 그 다음날도 당연히 할 말이라고 믿고 있었는데, 그날 그 말이 마지막 말이 된 것이다.

2017년 5월 중국 웨이하이에 있는 국제학교 유치원 통학버스가 사고로 불이나 유치원생 11명이 목숨을 잃었다. 지인을 통해서 나에게 연락이 왔다. 학교 전체가 그리고 학부모 전부가 패닉에 빠져있는데 긴급 도움의 손길이 필요하다는 것이었다. 나는 서슴없이 본교의 상담심리학과 교수님께 연락을 했고 교수님은 5명으로 구성된 상담 지원팀을 꾸려 웨이하이를 다녀왔다.

극단의 슬픔을 당한 사람들을 돕는다는 것은 어쩌면 부질없는 일인 것처럼 보인다.

그렇다. 돕는다기보다는 '함께한다'는 표현이 더 적절한 표현일 것 같다.

절망의 표현들을 그냥 들어주고 함께 슬퍼하는 일.

그 일이 얼마나 무의미해 보이는가!

스스로 생각해도 무기력해 보인다.

이 책은 그 이야기를 그냥 담백하게 옮긴 책이다.

설명도 설득도 아닌 그냥 위기를 당한 사람들과 함께한 이야기.

그런데 그래서 그것이 진정한 위로가 되고 온전한 치유에 이르게 하는 것이 아닐까?

마치 우리와 함께하시겠다고 약속하신 주님이 위기의 순간에는 전혀 그렇게 느껴지지 않아 원망스럽고 그 존재조차도 의심케 하는 하나님처럼 경험되기 때문이다. 그러나 세월의 흐름 속에 하나님의 시간이 되면 그 위기의 순간 우리와 함께하셨고 누구보다도 그 순간을 가장 아파해 주신 분이 주님이라는 걸 깨닫는다.

이 책을 통해 그 위기의 이야기를 함께 나누어 준 분들에게 감사의 말을 전한다. 그리고 이 이야기를 읽고 위기의 순간을 넘기고 버텨내는 분들에게도 위로의 박수를 보낸다.

이 책이 하나님의 온전함을 느끼고 경험하는 귀한 책이 될 것을 믿으며, 위기의 인생을 살아가는 모든 하나님의 사람들에게 필독을 권한다.

추천사 2

박중수 박사
영남신학대학교 상담심리학과 교수 / 교무처장

외상을 경험한 사람의 심리적 고통은 형언할 수 없는 비밀이 존재하면서 동시에 그 존재를 외면하게 만든다.

이 책은 그 외상을 기억하기도 싫고 기억할 용기도 없는 현장에 참여하여 그들의 고통에 동행하면서 기억한 책이다.

이 책은 인간이 경험할 수 있는 최악의 경험인 외상을 몸과 마음으로 체험한 기록이고 그들의 마음을 표현한 소중한 책이다.

인간의 영혼을 어루만져주는 상담을 하고 있는 상담가와 상담을 준비하는 미래의 상담가에게 필독서로서 추천할 책이다.

내가 누구인지, 내가 무엇을 향하여 나아가는지를 알려주는, 영감을 일으켜 주는 감동의 책이다.

교수와 학생이 협동하는 아름다운 공동체가 바로 상처받은 자들에게 용기와 위로를 전달하는 영감 어린 책이다. 중국에서 극단의 슬픔을 당한 사람들을 치료하는 우리 대학 상담심리학과의 모습이 너무 아름답다!

추천사 3

상처를 섬김

정영택 목사

경주제일교회 담임 / 대한예수교장로회(통합) 99회 총회장

상처를 섬긴다고 할 수 있을까?

그리고 어떻게 상처를 섬길 수 있을까?

그럼에도 상처를 섬긴 아름다운 이야기가 있는 『슬픔, 나비 되어 날아가다』를 출판한 그들에게 존경과 격려를 드리고 싶다.

인간관계 속에서 아름다운 관계나 섬김은 '서로 짐을 지는 것'이다. 그것도 마음의 짐을 지는 것이다. 마음의 짐은 우리가 생각하는 것보다 의외로 많이 무겁다.

그것을 공감, 용납, 이해, 보듬음을 통해 나눌 수 있다면 얼마나 좋을까?

중국 웨이하이 버스 사고로 귀한 보배들을 잃은 일들을 위로하

기 위해 함께하셨던 분들에게 감사를 드린다. 이 작은 책이 앞으로도 상처를 치유하는 일들에 귀하게 쓰임받기를 바란다. 그리고 책의 제목대로 그분들의 슬픔이 나비 되어 날아가 삶의 아픔이 씻어지기를 기도한다.

　아무것도 힘이 되지 못하고 이렇게 글로 추천서를 쓰려니 마음이 많이 무겁다. 그래도 서로의 짐을 덜어 준 아름다운 일들이 더 큰 아름다움과 위로가 되어 아직 날아가 버리지 못한 슬픔이라도 다시 위로받고 회복되기를 기도한다.

추천사 4

김 정 한 선교사
GMS 위기관리팀장

어린 자녀들을 죽음으로 먼저 떠나보낸다는 것은 말할 수 없는 큰 아픔이다.

이 책에는 낯선 땅에서 불의의 사고로 자녀들을 떠나보낸 부모들의 아픔을 달래기 위해, 한걸음에 달려갔던 분들의 가슴 아픈 이야기가 담겨 있다.

처음으로 이국에서 아픔을 겪은 사람들을 위로하기 위해 준비했던 과정들과 현장에서 만난 유족 부모님들을 위로하는 모습이 아프지만 진솔하게 묘사되어 있다.

상담이라는 전문성과 자녀를 잃은 엄마와 아버지의 마음, 그리고 하나님 아버지의 마음으로 준비한 상담팀의 걸음걸음을 생생하게 담고 있다.

또한 사람을 깊이 사랑하는 모습이 보인다.

떨리는 마음으로 조심스럽게 아파하는 부모들과 간접 피해를 입은 사람들을 대하는 장면이 느껴지기에 감사하다.

사람이 사람의 아픔을 공감하며, 자신이 할 수 있는 최상의 것으로 최선을 다한 모습이 그려져 감동이다.

이 책에 그려진 이야기들을 통해, 더 많이 사람을 사랑하는 마음이 솟아나기를 기대한다.

추천사 5

남호범 박사

한국뉴욕주립대학교 교수

2017년 5월 9일을 잊을 수 없다. 여러 문화권에서 사역하시는 선교사님들과 식사를 하던 자리에서 '중국에서 사고 소식을 들었느냐?'는 한 선교사님의 말씀에 불길한 마음이 들어, 식사를 멈추고 뉴스를 찾아보았다.

웨이하이는 내가 중국에서 기도했던 시간이 가장 긴 도시이다. 중세학교는 내가 가장 잘 아는 학교이고, 그 유치원에는 가장 사랑하는 집사님이 교사로 근무했다.

혹시 그 중에 내가 아는 아이들도 있지 않을까 노심초사하며 현지에 전화를 하여 위로의 말씀을 드렸다.

"유가족뿐만 아니라, 선생님들, 학생들에게 트라우마가 심하게 나타날 것입니다. 혹시 필요하시면 한국 상담전문가팀을 소개해 드리겠습니다."

비통에 빠진 현지로부터 3일 만에 연락이 왔다. 나는 제일 먼저 중국교회 신학 교육에 힘쓰고 계시고, 상담학 전문가이신 영남신학대학교 오규훈 총장님께 부탁을 드렸다. 총장님께서는 곧바로 상담대학원장이신 김규식 교수님 팀을 연결해주셨다. 그렇게 이야기가 만들어진 것이다.

원고를 읽으며 여러 차례 울었다. 열한 천사들의 아빠 엄마 그리고 가족들에게 다시 한 번 위로의 말씀을 드린다. 수첩에 아이들의 예쁜 이름을 적어 놓았다. 오래 기억할 것이다. 계속 기도할 것이다.

다른 이야기들도 가슴이 아프다. 극한의 현장에서 일하시는 선교사님들에게 일독을 권유한다. 아프면 아프다고 말해주기 바란다. 당신들을 사랑하는 많은 성도님들이 있다.

또한 선교사 파송단체 멤버케어 사역자들도 같이 읽어보기를 추천한다. 이 책에서 발견되는 어떤 방법들은 무척 유용하리라 생각한다.

바쁘신 중에도 지혜와 사랑을 나누어주신 영남신학대학교 오규훈 총장님, 김규식 교수님께 감사의 말씀을 드린다.

프롤로그

그날도 여느 때와 다름없이 아이를 버스에 태우고 잘 다녀오라고 인사했다.

평소에 잘 하지 않는 하얀색 머리핀을 하겠다고 유난히 떼를 쓰기에 "흰색 핀은 잘 하지 않는 거야" 말해줘도 막무가내였다.

버스 올 시간이 되어서 하얀색 핀을 꽂아 차에 태워 보냈다.

오늘은 애가 유난스럽게 군다는 생각만 했지 이것이 아이와의 마지막이 될 거라고는 꿈에도 생각하지 않았다.

터널을 통과하던 버스가 화염 속에 휩싸였고 눈에 넣어도 아프지 않을 내 아이는 다시 돌아오지 않았다.

그 누가 아이 잃은 어미와 아비의 맘을 위로할 수 있을까?

신께서 친히 위로하셔도 받아들이기 어려운 일을 당한 '보배'들의 부모들을 우리가 감히 용기 내어 찾아가기로 했다. 누구의 명령도 강요도 없었지만, 그곳에 가야 된다고 확신했다. 그저 어떤 강력한 끌림이 있는 것같이 느껴졌다.

신은 인간을 창조하실 때 우리의 뇌 속에 스스로 치유할 수 있는 장치를 두시고 하루 중 있었던 기억은 수면 중에 처리되도록 하셨는데 마음이 감당하기 힘든 사건이나 감정은 제대로 처리되지 못하고 다른 방식으로 저장된다고 한다. 그렇게 저장된 기억은 불편한 감각으로, 감정으로, 부정적인 사고로 나타나면서 정상적이고 긍정적인 나로 살지 못하게 한다. 과거의 고통을 현재에서 계속 경험하며 살아가게 되는 것이다.

이런 심리적인 고통을 전문가의 도움을 받아 해결하기도 하지만 어떤 이들은 치유의 기회를 갖지 못하고 고통을 그대로 안은 채 얼어붙은 것처럼 삶을 살아가기도 한다.

우리는 시간이 약이 되는 것이 아니라 '지금 – 여기'의 의미가 중요하다는 것을 알기에 주저하지 않고 슬픔과 애통의 자리로 가기로 했다.

우리에게는 성수대교·삼풍백화점 붕괴 사건, 대구 지하철 화재 사건, 세월호 사건, 밀양 세종병원 사건 등 온 국민이 함께 놀라고 애통한 가슴 아픈 큰 사고들이 있었다. 그러나 우리가 찾아간 그곳의 사건은 국민들에게 듣고 볼 기회가 충분히 주어지지 않았고 그래서 함께 아파할 우리들의 마음이 제대로 전달되지 못하는 상황이었다. 그런 중에 우리 몇 사람이라도 가볼 수 있는 기회가 주어진 것이 너무 감사했다.

이번에 우리가 찾아간 그 곳은 다른 하늘과 낯선 땅에서 일어난 사건이어서 그랬는지 본국 국민들의 귀로 듣고 눈으로 볼 기회가 충분치 않아 그들의 아픔이 공감되지 못하고 우리의 기억과 매스컴 속에서 사라졌다. 그래서 함께 아파할 우리들의 관심과 마음이 제대로 전달되지도 못했다.

우리가 특별히 많이 사용한 EMDR* 치료기법은 트라우마를 경험한 내담자에게 사건에 대한 새로운 통찰을 일으켜 우울장애, 신체화, 행동장애 같은 증상을 감소시키는 데 효과적인 방법이라고 알려져 있다.

우리는 이 책에 그 치료기법을 사용한 사례를 소개하는 것과 더불어 몇 가지 의미에 대해서도 생각을 해보았다.

그 의미 중 하나는 재난이다. 우리는 모든 사람이 갖는 실존적인

---

* EMDR(Eye Movement Desensitization Reprocessing, 눈동자 움직임 둔감화와 재처리): 프란신 샤피로(Francine Shapiro) 박사가 개발한 심리치료 방법으로 PTSD의 치료에 효과적인 치료방법으로 알려져 있다.

불안 외에도 지진, 화산, 태풍, 홍수 등의 자연재해로 누구도 안전지대를 장담하지 못하는 불안을 경험하며 살아가고 있다. 테러, 정치적 탄압, 전쟁, 핵문제 같은 주변 정세의 문제와 구제역, 조류독감, 메르스 같은 전염병의 재해에 전략도 예방의 노력도 허사인 듯 보이는 그야말로 성경에 이른 마지막 때의 시작을 실제로 경험하며 살아가고 있다.

우리는 심리적 응급처치를 담당하는 전문가이며 봉사자로 시대적인 사명감과 소명감에 대한 생각을 하면서 일주일 동안의 특별한 경험을 실은 이 책을 통해 재난과 트라우마를 경험한 자들과 우리 스스로를 어떻게 도울 수 있을지 함께 고민해보는 시간을 가져보기를 원한다.

이 책에는 선교사들과 선교사 자녀들을 치료한 사례도 함께 실었다. 선교 강국의 이름에 걸맞게 많은 선교사들을 파송했고 지금도 파송하는 한국 교회와 선교단체가 이제는 선교사들과 선교사 가족들의 심리적 아픔과 치료에 관심을 가져야 할 필요를 느낀다. 개인적 상처와 선교지의 여러 상황들이 맞물려 트라우마 증상으로 경험될 확률이 많기 때문이다(단기 상담을 해야 하는 여건상 여기서는 EMDR 치료기법으로 선교사들을 상담한 사례만 실었다).

끝으로 우리는 트라우마의 증상과 심리상담 과정의 사례를 읽으면서 독자들이 가진 크고 작은 트라우마의 기억과 아픔에서 새로운 통찰과 긍정적인 마음을 가질 수 있도록 하는 것에 또 다른 의미를 둔다.

트라우마를 경험한 내담자들이 전문가를 찾아갈 때는 이미 여러 가지 증상이 많이 진행된 상태에서 가는 경우가 많다. 트라우마를 경험하고 3개월 이내에 적절한 치료를 해야 증상의 만성화를 막을 수 있는데 피해자들과 유가족들은 그 시기를 놓치게 되는 경우가 허다하다. 우리는 찾아가는 상담에 대해 의논하며 기존의 상담 방식의 패러다임을 전환을 생각하고 고민하고 있다. 우리의 마음과 달리 현실적인 어려움과 장벽이 있다 것을 안다.

우리의 마음과 달리 현실적인 어려움과 장벽이 많은 것을 안다. 그럼에도 불구하고 우리는 우리의 날개짓을 멈추지 않으려 한다. 혼자는 할 수 없지만 '함께'여서 할 수 있었던 기억이 있기 때문이다.

'함께'라는 것을 느끼도록 마음을 실어 격려해 주신 영남신학대학교 오규훈 총장님, 교무처장 박중수 교수님, 경주제일교회 정영택 목사님, 감포제일교회 안정수 목사님, 위기관리 본부의 김정한 선교사님, 한국뉴욕주립대학교 남호범 교수님, 중국 위해(威海)한인회 박지용 전도사님, 모든 일정을 기도로 협력해 주신 성도님들에게 감사를 드린다. 멀리서도 기도하며 힘이 되어 주신 것을 느낄 수 있었다.

학업의 장에서 함께한 영남신학대학교 상담대학원 학우들, 특별히 송병직 목사님과 오미경 학우에게 감사의 마음을 전한다. 출판을 허락해 주시고 편집과 디자인으로 수고해 주신 기독교문서선교회(CLC) 대표 박영호 목사님과 직원들에게도 고마움을 전한다.

"너무 사랑하고, 감사합니다. 그리고 고맙습니다."

CONTENTS

추천사 1 (오규훈 박사/영남신학대학교 총장) __5
추천사 2 (박중수 박사/영남신학대학교 상담심리학과 교수) __8
추천사 3 (정영택 목사/경주제일교회 담임) __10
추천사 4 (김정한 선교사/GMS 위기관리팀장) __12
추천사 5 (남호범 박사/한국뉴욕주립대학교 교수) __14
프롤로그 __16

Chapter 1 • 어느 날 갑자기 … 우리에게 일어난 일 X 24
1. 2017년 5월 9일 그날 아침 __25
2. 세상이 기억하는 그날 __27
3. 와서 우리를 도우라! __30
4. Little Angels Helping Hands __36
5. Way-High, 드디어 떠나는 우리들 __39

Chapter 2 • 함께 터널에서 나오다 X 42
1. 선물을 주고 간 이들 __43
2. 같이 가고 싶었던 동물원 __47
3. 너무 그리운 아들아… __50
4. 기억이 잘 안 나서 답답해요 __53
5. 통역가와 함께 하는 상담 __57
6. 나의 손자라 행복했단다 __60
7. 슬퍼서 뛰어요 __66
8. 슬프다 말하지 못하는 아빠 __70
9. 선생님, 울어도 돼요 __73
10. 온몸이 아파요 __76

Chapter 3 • 트라우마와 상담 **X** 80
1. 심리적 외상(trauma)의 의미 __81
2. 심리적 외상의 주요 증상들 __87
3. 트라우마, 어떻게 상담할 것인가? __96

Chapter 4 • 서로 짐을 지라 - 선교사 이야기 **X** 116
1. 민호 씨 이야기 __117
2. 선영 씨 이야기 __127
3. 경숙 씨 이야기 __135
4. 선교사의 크고(Big) 작은(small) 외상 이야기 __145

Chapter 5 • 어바웃 Helping Hands **X** 150
1. 어바웃 카운슬러・김규식 __153
2. 어바웃 카운슬러・엄미라 __157
3. 어바웃 카운슬러・김지희 __160
4. 어바웃 카운슬러・전연수 __163
5. 어바웃 카운슬러・정정호 __165

에필로그 __168

chapter 1

어느 날 갑자기 … 우리에게 일어난 일

1. 2017년 5월 9일 그날 아침

아이들이 오기 전, 청소하고 정리도 하며 준비를 한다. 몇몇 선생님들은 아이들의 등원을 위해 바삐 차량에 올라 운행에 나선다. 유치원에 남아있는 선생님들은 수업준비를 하며 아이들을 기다린다.

하나 둘 통학버스들이 원으로 들어오고 있는데…

통학버스 한 대가 시간이 되어도 도착하지 않는다.

아침부터 비는 내리고, 이런저런 생각을 하며 기다린다.

'빗길 때문에 차량운행이 늦어지나…'

'차들이 많이 밀리나 보네…'

'9시 10분이면 도착하는데…'

'벌써 30분이나 지났네.'

'별일 없겠지?'

아무래도 너무 늦는다는 생각에 유치원 통학버스 기사에게 전화를 하였다. 연결이 되지 않는다….

유치원 버스에 탑승한 선생님도 전화를 받지 않는다. 통화는 되지 않고, 통학버스의 행방은 알 수도 없고, 학부모들에게 전화하니 아이들은 다 태워서 보냈다고 한다. 마지막으로 버스에 탑승하는 아이까지 차량에 모두 탑승한 상황이었다.

답답한 상황이 계속되니 아무래도 큰일이 생긴 것 같다는 생각을 떨쳐 버릴 수가 없었다. 그런 생각이 얼마 가기 전에 누군가 아이들이 탄 버스가 터널 안에서 사고가 났다고 전달해 주었다.

황급히 인터넷과 SNS로 전해지는 사고 소식을 확인했다. 우리 선생님들은 차를 타고 나왔다. 사건 현장인 터널에 도착했는데 안전요원들이 막아서 가까이 가보지도 못하게 했다.

혹시나 아이들이 다쳐 병원으로 옮겨졌나 해서 병원 이곳저곳을 찾아 다녔다. 하지만 병원에는 아이들이 없었다. 아이들의 행방을 알 수가 없어 터널로 다시 이동을 하는데 공안이 나타나 차를 멈춰 세우고 조사를 해야 한다며 가자고 했다.

우리는 계속 아이들의 생사를 물었지만…, 아무도 대답해 주지 않았다. 그러나 큰 슬픔은 11명의 유치원생과 중국인 기사 1명이 사망했고, 교사 1명이 의식불명이란 소식이다.

2. 세상이 기억하는 그날

그날.

많은 이들에게는 대한민국 새 정부 출범을 기억하는 날이기도 했지만, 세상은 11명의 어린 '보배'들을 잃은 그날을 다음과 같이 짧게 기억했다.

> 2017년 5월 9일 비가 오는 아침, 오전 9시쯤(현지 시각) 중국 산둥성 웨이하이 시 환추이구에 있는 타오자쾅 터널에서 13명이 탑승한 '위해중세한국국제학교' 부설 유치원 통학버스가 1087m 길이인 터널을 진입해 340m 지점을 달리다 쓰레기 수거 차량을 들이받은 후 터널 벽에 부딪혔다. 곧이어 통학버스 오른쪽 출입문 쪽에 불이 났다. 불길이 차체 전체로 번지면서 버스 내부도 검은 연기에 휩싸였다.[*]

---

[*] 이길성 특파원, 김결필 기자, 정우명 기자, "엄마 문이 안 열려요", 「조선일보」, 2017.05.10.기사, "http://news.chosun.com/site/data/html_dir/2017/05/10/2017051000196.html.

그날 그 사고 후 약 10분 만에 현장에 도착한 소방차가 17분 만에 불길을 진압하였지만 차에 탑승했던 보배들은 다시는 유치원에 도착하지 못하였다.

현장 조사에 나선 칭다오 주재 한국총영사관 관계자는 "출근 시간대에 터널 안에서 불이 나는 바람에 구조 작업 등이 쉽지 않아서 피해가 커졌다"고 말하였다.

유치원 버스 화재 사고 직후 근처의 몇몇 차들이 속도를 늦추며 지나갔다. 그러나 사고 버스 밖에서 탈출을 도와주는 사람은 아무도 없었다. 그 터널을 지나가던 목격자들은 현지 언론에 말했다.

"터널 벽 쪽에 버스가 가까이 붙어 있는 상태에서 불이 붙는 바람에 아이들이 나오지 못한 것 같다."

"출근길이라서 도로가 막히는 바람에 소방차 도착이 늦어진 것도 안타깝다."

한편 다른 목격자는 10초 분량의 사고 현장 상황을 영상으로 남겼다. 그날 아침, 11명의 보배들을 잃은 그 터널을….

세상은 그렇게 기억하고 있었다.

중국 당국이 발표한 희생자

성명	생년월일	성별	국적
김서진	2011년 3월 25일	남	
김현규	2012년 9월 21일	남	
임연아	2012년 10월 1일	여	한국
박나연	2011년 9월 29일	여	
이상율	2014년 12월 10일	남	
최명우	2014년 5월 28일	남	
이지혜	2014년 3월 10일	여	
정승빈	2014년 4월 17일	남	
김가은	2013년 3월 9일	여	중국
이승현	2011년 7월 9일	남	
왕예박	2011년 10월 6일	남	
운전기사 (미상)		남	

중국 웨이하이 유치원 통학 버스 참사
웨이하이(威海)시 타오자꽝 터널

1. 9일 오전 9시쯤 (현지 시각) 13명이 탄 유치원 통학 버스(30인승)가 터널 진입
2. 버스가 앞에서 주행 중이던 쓰레기 수거 차량의 후면을 들이받음
3. 버스 오른쪽 앞 출입문 근처에서 화재 발생 (출입문 쪽이 터널 벽에 바짝 붙어 있어 탈출 불가)

유치원생 11명, 중국인 기사 1명 등 12명 사망. 중국인 교사 1명 의식불명

[사고 기사]*

---

* "엄마 문이 안 열려요", 「조선일보」, 2017.05.10. 기사사진..

3. 와서 우리를 도우라!

마게도냐로 건너와서 우리를 도우라(행 16:9).

아이를 한순간에 잃어버린 부모들의 애끓는 가슴의 불이 하늘에 닿은 것일까?

그곳의 안타까운 상황을 어느 한 교수님이 우리에게 전달해 주었고, 우리는 마치 기다리며 준비하고 있었다는 듯이 반응하며 신속하게 움직이며 준비하였다.

팀원들 각자의 형편으로는 하루도 쉽게 시간을 낼 수 있는 상황이 아니었지만 개의치 않았고 항공비와 체재경비를 마련해야 되는 것에 대한 부담도 별로 신경 쓰지 않았다. 상담을 맡은 자신의 역량에 대한 의심도 하지 않았고 상담 현장에서 일어날 어려움에 대한 우려와 염려도 생각하지 않았다. 그저 가야 된다는 것에 우리는 마음을 같이하며 준비했다.

그러나 우리의 마음과는 달리 현실적인 상황은 마치 안개가 낀 것처럼 희미하고 막연했다. 왜냐하면 우리 모두에게 처음 있는 일이었기 때문이다.

이전에 우리들의 상담은 상담실에 자발적으로 찾아온 내담자를 상담하는 것이었다. 이번에는 직접 유가족을 찾아가서 상담해야 하는 경우이다. 무엇보다 이국땅에서 일어난 재난 현장에 가서 상담해야 하는 특별한 경우인지라 이전에 이런 형태의 상담을 해 본 경험이 없는 우리에게는 상담가로서 안전감이 확보되지 않은 상태에서 준비하고 떠나게 되는 것이었다.

그럼에도 우리는 이 요청이 그곳에서 아픔과 고통을 당한 많은 이들을 향한 하나님의 마음이라고 믿고 그 부르심에 응하여 용기 내어 떠나기로 하였다.

> 우리가 드로아에서 배로 떠나 사모드라게로 직행하여 이튿날 네압볼리로 가고 거기서 빌립보에 이르니…(행 16:11-12).

바울이 하나님의 부르심에 응답하여 마게도냐로 갈 때에 그 여정은 의외로 순조로웠다. 마찬가지로 중국을 향한 우리 팀의 여정도 순탄하게 진행되었다.

비자 문제로 출국이 일주일 가량 미뤄진 것이 순탄한 일 중의 하나였다. 우리는 "유가족들이 너무 힘들어 하니까 중국에 빨리 들어오라"는 관계자들의 요청 때문에 서둘러 중국에 들어가려고 신속히 준비하였다.

그러나 우리 팀은 중국비자가 나올 때까지 한 주간을 더 기다려야 했고, 그러는 동안 유가족의 상담을 위한 준비를 더 할 수 있었다. 집단 상담 프로그램과 애도교육을 위한 교재, 심리적 응급처치 가이드북을 만드는 것 외에도 유가족들의 눈물을 닦아줄 손수건을 준비하기도 하고, 남겨진 누나와 형을 위한 아동상담 물품도 준비했다. 유치원에 남은 아이들에게 줄 작은 선물과 우리의 마음을 전달하자는 의미에서 초코파이도 따로 준비하는 여유를 좀 가질 수 있었다.

준비하는 것에 시간적 여유가 생긴 것 외에 시간이 지체되어서 오히려 적절한 시기에 우리가 상담현장에 투입된 것이 진정한 순탄함이었다.

상담자가 내담자를 빨리 만난다고 해서 트라우마 치료를 시작할 수 있는 것은 아니다. 먼저 내담자에게 회복되어야 하겠다는 마음이 어느 정도는 일어나야 한다. 그런 마음이 생기려면 적어도 사고 이후 약 2~3주 정도의 시간이 필요한 것이다.

사고 직후 일주일째에 이미 심리치료사들을 투입하여 1차 상담을 진행했었는데 유가족들에게 크게 도움이 되지 않았다고 한다. 문화와 언어의 차이, 상담자 변수 등의 여러 요인들이 실패의 요소로 설명될 수 있겠지만 가장 중요한 것은 유가족들의 마음과 시기이다. 우리는 의도치 않게 적절한 시기에 유가족들이 상담을 받을 수 있는 시간을 확보하게 된 것이다.

주께서 그 마음을 열어 바울의 말을 따르게 하신지라

(행 16:14).

우리는 비교적 순조롭게 중국 땅에 도착하였고, 속히 유가족들을 만날 마음에 긴장하기도 했고 설레고 있었다.

그러나 우리가 관계자들로부터 들은 말은 우리를 좌절하게 했다. 유가족들은 상담받기를 원치 않는다는 것이었다. 유가족들의 마음은 꽁꽁 얼어 있었고 닫혀 있었다.

어떻게 루디아의 마음처럼 그분들의 마음을 열 수 있을까?

우리는 담당 영사에게 유가족에게 설명할 수 있는 시간을 30분만이라도 달라고 요청했다. 유가족들은 자체 회의를 한참 하고서는 우리에게 시간을 내주었다. 할렐루야!

유가족들을 실제로 만나 보니 그들의 무겁고 침울한 분위기가 고스란히 느껴졌다. 짧은 시간에 많은 생각들이 스치고 지나갔다.

'과연 이들을 어떤 말로 위로할 수 있을까?

'무슨 말로 시작해야 할까?'

'우리의 순수한 의도가 제대로 전달될 수 있을까?'

우리는 주님의 도우심을 구할 수밖에 없었다. 우리의 간절함이 전달되었는지 브리핑을 들은 유가족들은 이것저것 힘든 점을 묻기 시작했고 30분으로 계획되었던 브리핑은 2시간이나 연장되었다. 그리고 유가족들은 원하는 사람부터 상담을 받기로 하였다. 유가족들이 마음을 열기 시작한 것이다. 주님께서 루디아의 마음을 열어 바울의 말을 따르게 한 것처럼 말이다.

다음날 아침부터 상담은 시작되었다.

우리들은 6일 내내 상담을 마치고 돌아오면, 약속이나 한듯이 울었다. 한참을 울다가 시간이 되면 마음과 표정을 추스르고 다음 내담자를 만나러 유가족이 머물고 있는 방으로 갔다. 그리고는 돌아와서 또 울었다.

호텔에서 우리에게 허락된 두 개의 방은 잠도 자고 밥을 먹기도 하고 회의도 하고 쉬기도 하는 그런 공간이었다. 그러나 이제는 편히 쉴 수도, 큰 소리를 낼 수도, 주어진 도시락의 맛을 즐길 여유도 갖기 어려운 공간이 되었다.

유가족의 슬픔, 아픔, 분노, 책임감, 죄책감 그런 여러 감정들이 상담자인 우리에게 그대로 전달되었기에 우리의 마음뿐만 아니라 머무는 공간도 답답하고 무거워졌다. 자유롭게 움직이지 못하게 갇혀있는 듯했다.

그러나 주님은 매일 우리의 마음의 감옥을 지진처럼 흔들어 바울과 실라처럼 찬송하게 하셨고, 우리의 마음을 강건하게 회복시키어 우리가 만나는 유가족들을 위로할 수 있는 힘과 능력을 주셨다.

> …루디아의 집에 들어가서 형제들을 만나 보고 위로하고 가니라(행 16:40).

그렇게 우리는 말씀처럼 유가족들을 만나고 위로하고 떠나올 수 있었다.

4. Little Angels Helping Hands

- ◆ "Little Angels Helping Hands"는 2017년 5월 9일을 기억할 특별한 만남을 의미하는 말이다.

- ◆ "Little Angels"는 불의의 사고로 사랑하는 가족의 품에서 일찍 떠난 어린 11명의 '보배'들을 일컫는 말이다.

- ◆ "Helping Hands"는 사랑하는 '보배'를 잃고 아파하는 이들을 위로하고 도울 상담자인 우리의 손을 뜻한다.

상담팀을 구성하여 준비하다

사고가 난 유치원의 유가족들과 선생님들을 상담하기 위해 트라우마 팀을 구성하였다. 함께 갈 상담자 팀원들은 석사 과정 중에 트라우마 상담 수업을 한 학기 동안 듣고 트라우마 상담기법 세미나를 10시간 이수한 선생님들을 우선으로 선정하였다.

그런 조건으로 선정된 선생님들 중 몇 분은 여권 준비가 미처 되지 않았다며 가지 못한다고 했다. 이런 저런 과정을 거쳐 교수님과 상담하실 선생님 세 분, 진행을 맡아줄 선생님 한 분, 총 5명으로 결정이 되었다.

처음에 우리는 무비자로 가는 것으로 알고 이틀 만에 떠나는 줄 알았다. 그러나 준비를 하면서 무비자로 가게 되면 체류할 수 있는 기간이 3일밖에 안된다는 것을 알게 되었고 그 기간은 너무 짧은 시간이라 정식으로 비자를 신청해서 가기로 하였다. 그리고 처음 우리가 기대했던 경비 문제도 생각과 다르게 자비 부담으로 가야 할 것이라는 말을 들었다.

비자 신청, 비행기표 예약, 공항 리무진 예약, 강의자료 제본, 집단 프로그램 준비, 필요한 물품 구입, 그 외에 준비해야 할 여러 가지 일들을 일주일 동안 매일 밤 늦게까지 학교 상담소에서 회의하면서 준비를 했다.

재난 상담, 기도하며 준비하다

준비하며 함께 기도한 기도의 제목들은 다음과 같다.

- 하나님 아버지께서 이 모든 일 가운데 함께하시어 모든 진행과 절차가 순적하고 형통하도록 우리 앞서 인도하소서.
- 두려움과 염려를 제거하시고 우리에게 먼저 상처 입은 영혼들을 충분히 공감할 수 있는 성령의 감동과 하나님 아버지의 마음을 부어 주소서.

- 세상 가운데서 일어난 일들을 다 이해할 수 없기에 더 겸손하고 낮은 마음으로 하나 되어 맡기신 일을 감당하는 팀원들 되게 하소서.
- "네 이웃을 네 몸같이 사랑하라"는 말씀을 따라 떠나오니 남겨진 가족들과 생업과 함께 기도로 협력하는 중보자와 교회 위에 동일한 하나님의 마음과 은혜를 부어주소서.

5. Way-High, 드디어 떠나는 우리들

 2017년 5월 21일 주일 밤 10시 30분, 인천공항으로 가기 위해 동대구터미널에 집결하였다. 두 분 선생님은 좀 더 멀리 울산과 포항에서 오셨다.

 새벽 1시 30분, 이른 시간이었지만, 조금 여유있게 만나 상담교육 교재에 대한 브리핑을 하고 상담 현장에 대한 시뮬레이션도 해 보자고 했다.

 각자 개인 물품과 그곳에서 사용하게 될 여러 가지 물품들을 싼 가방을 끌고 하나 둘 모였다. 지난 며칠 동안 급하게 여러 가지 준비를 하면서, 이런 재난 상담이 처음임에도 불구하고 각자 맡은 역할을 따라 모두들 나름대로 순조롭게 최선을 다해 준비하였다.

 비록 일주일 동안의 일정이지만 학기 중의 모든 일정을 취소하거나 미루어야 했고, 주중 교회의 사역을 조정해야 했으며, 엄마와 아내로서 일상의 일들을 내려놓고 가야 했다.

 예년 5월의 날씨치고는 꽤나 덥게 느껴지는 하루하루를 준비하면서 보냈고 마침내 떠나는 날이 되었다. 터미널 부근의 카페에서 다소 자유로운 분위기로 상담 시뮬레이션과 교재에 대한 브리핑을 하면서 긴장감을 조금씩 누그러뜨렸다.

우리를 태운 리무진은 어두운 새벽을 가르며 달려 나갔다. 시간이 지날수록 버스 안의 온도가 높아지면서 불편해졌다. 고속버스 기사가 에어컨을 자주 끄는 바람에 버스 안이 더워진 것이다. 다들 잠을 자고 있는 듯해서 아무 말도 못하고 그저 빨리 목적지에 도착하기만 바랬다.

갇힌 버스 안에서 불편함을 잠시 경험한 것이 우연이 아닌 듯했다. 3시간 넘게 달려서 인천공항에 도착하였다. 공항에서 아침을 가볍게 먹고 나니 이번에 여러모로 상담을 주선하신 두 분이 우리를 만나고 배웅해 주려고 나와 계셨다.

우리는 그분들로부터 중국에서는 재난 상담의 필요성 때문이 아니라 누군가 도우러 온다는 말에 우선 어떤 도움이라도 받아야겠다는 생각으로 요청했다는 말을 들었다. 그리고 주선하신 교수님은 처음에 오규훈 총장님에게 요청을 하고, 섬기시는 교회의 '회복사역팀', '심리상담팀', '재난대응팀'에게도 각각 부탁을 하셨는데, 모두 마음 아파하시며 아무 대가 없이 돕겠다며 나섰다고 했다.

영남신학대학교 상담팀이 연락을 받자마자 바로 중보기도팀을 구성하고 기도하며 준비하고 있다는 말에 감동을 받았고 무엇보다 '트라우마 상담'의 전문성을 가지고 있다는 것을 알고 우리 상담팀을 중국 측에 소개했다고 했다. 그 교회 선교담당 장로님께서도 빠르고 신속하게 섬길 팀으로 결정하시라고 하셨다면서 우리가 가게 된 경위를 이야기해 주셨다.

우리가 중국으로 가게 된 이유 중 하나는 신속히 결정하고 확답을 준 것이었다. 그리고 한 분은 얼마 전까지도 중국의 학교에서 일하셨는데 지금 현장의 유가족과 학교, 영사관의 역할이 어떤지를 모르겠다고 하시면서, 일단 가봐야 그곳에서의 일처리를 어떻게 할지를 알 수 있다고 말해 주셨다.

우리는 떠나는 당일 아침까지도 그곳의 상황을 선명하게 알지 못한 상태로 떠나게 되었다. 처음부터 그랬듯이 오직 주님의 함께하시는 은혜를 구하며 길을 나서야 했다. 공항 로비에서 함께 기도를 했고, 그 두 분은 우리를 격려해 주시고 가셨다.

우리는 2017년 5월 22일 오전 9시 출발 아시아나 02 309편에 탑승하여 보배를 잃고 터널을 지나가지 못하는 그들을 향하여 나아갔다.

Chapter 2

함께 터널에서 나오다

1. 선물을 주고 간 아들

유가족 중에 임신한 엄마가 두 명 있었는데, 그 중 한 명은 사랑이 엄마였다.

사랑이 엄마는 태아 때문인지 차분한 얼굴로 애써 슬픔을 참고 있는 듯 보였다. 임산부인지라 염려가 되는 마음도 있어서 최대한 편안하게 침대에 기대 앉게 하고 상담을 진행하였다.

"지금 가장 힘든 것이 무엇이예요?"

"인터넷으로 본 불타는 버스가 자꾸 떠올라요."

그래서 불타는 버스를 최악의 장면으로 정하고 '양측성 자극'*을 실시했다. 5회를 하고 나니 버스가 처음에는 흰색, 다음은 파란색, 그리고 점점 희미해지며 나중에는 사랑이 얼굴도 희미해진다고 했다.

이 사건에서 느끼는 본인에 대한 부정적 인지를 물었다.

처음에는 "나는 뭔가 잘못한 것 같다"라고 말했다. 양측성 자극을 통해 최악의 장면을 제거한 후에는 "나는 사건을 통해 뭔가 배운 것

---

* 양측성 자극이란 내담자가 치료자의 손가락을 따라 눈동자를 양쪽으로 움직이는 것, 치료자가 내담자의 무릎을 양쪽으로 번갈아 두드리는 것, 그리고 양쪽 귀에 번갈아가며 소리를 들려주는 것을 의미한다.

이 있다"로 바뀌었다.

사랑이를 꼭 한 번만 보고 싶다고 하여서 심상기법으로 사랑이를 떠올리게 했다. 그리고는 양측성 자극을 해주자 버스 안에서 사랑이가 자신에게 다가와 안겼다고 하며 사랑이가 자신을 안아주며 사랑한다고 말했다고 했다.

사랑이 엄마도 사랑이를 안고 토닥여주며 많이 울었다. 사랑이에게 하고 싶은 말이 있으면 해주라고 했더니 좋은 곳에서 편안하게 잘 지내고 아프지 말고 즐겁게 지내라고 말해 주었다. 사랑이와의 기억을 떠올리며 충분히 슬퍼하며 시간을 갖게 한 후에 사랑이에게 작별 인사를 할 수 있을지 물었더니 하겠다고 했다.

사랑이 엄마가 편안한 상태를 가지는데 도움이 되도록 안전지대를 정하도록 했는데 안전지대로 '바닷가'를 선택했고 연상되는 단어는 '시원함'이었다. 가슴 한쪽이 먹먹하고 답답했는데 그 답답함이 사라지고 한결 편안해졌다고 했다.

임산부학교에서 가르쳤던 태교에 대해서도 간단히 설명해줬다. 산모의 감정은 태아에게 자연스럽게 전달되는 것이어서 너무 슬프거나 공포스러운 영화나 드라마 등은 임산부에게 적절치 않다고 설명해줬다. 힘들더라도 엄마가 느끼는 슬픔과 현재의 감정들을 태중의 아이가 들을 수 있도록 태담*으로 들려주라고 해줬다.

또한 아빠의 목소리는 태중의 아기에게 안정과 신뢰를 주기에 좋은 소리여서 엄마 혼자 하기보다는 아빠가 함께 하는 것이 효과적이라고 권했다.

이틀이 지나 다시 만난 사랑이 엄마는 처음 만났을 때보다 편안하고 안정되어 보였다. 상담 후의 감정 변화를 물어보자 전에는 사랑이 모습이 담긴 영상을 차마 볼 수 없었는데 이제는 볼 수 있다고 했다.

그러면서도 한편으로는 사랑이를 너무 일찍 마음에서 떠나보낸 것 같아 사랑이가 섭섭해하지는 않을지 미안함이 밀려온다고 했다. 하지만 사랑이도 조금이라도 덜 힘들어 하는 엄마의 모습을 보면 좋아할 것이라고 위로하면서 함께 사랑이에 대한 이야기를 나누면서 함께했던 추억들을 떠올리며 슬픔을 나누었다.

사랑이는 어리지만 속이 깊고 따뜻한 아이였다고 했다. 간혹 엄마와 아빠가 다툼이 있으면 사랑이가 중간에서 화해시키려고 애썼다고 했다. 남편이 사랑이와 많이 놀아주지 않았다는 생각에 늘 섭섭한 마음이 있었는데 사고 후 남편의 휴대폰에 저장된 아빠와

---

* 태중의 아기와 나누는 대화.

사랑이가 함께한 동영상을 보면서 그동안 자신이 모르고 있던 남편의 모습에 미안함이 밀려왔다고 했다. 사랑이가 엄마 아빠에게 서로 아껴주고 이해하며 살라는 선물을 남겨준 것 같다고 했다. 남모르게 울던 남편도 상담을 권했더니 받아들였다.

 곧 태어날 아이를 위해 애써 슬픔을 삼키려고만 했는데 상담을 통해 힘든 마음이 위로되었다며 이제는 사랑이에 대한 기억을 조금이나마 편안히 떠올릴 수 있게 되어 감사하다고 했다.

 우리는 위로와 감사의 마음을 담아 가볍게 포옹하며 상담을 종결했다.

2. 같이 가고 싶었던 동물원

또 다른 임산부인 동동이 엄마는 이번 사건의 최악의 장면을 불타는 버스 모습으로 무척이나 힘들어 했다. 너무 끔찍하고 떠올리기 괴로워해서 최악의 장면으로 다루지 못했다. 뿐만 아니라 이제껏 살아왔던 집에도 가지 못하고 동동이와 연관된 물건들을 보는 것조차도 힘들다고 했다.

괴로워하는 동동이 엄마에게는 애도와 함께 하는 것이 먼저 필요한 것 같아 동동이와의 좋은 기억들을 추억하게 했다. 아이를 생각하면서 그동안 함께 했던 장면이 떠오르는 대로 그 기억을 따라가 보라고 했다. 기억 속의 동동이를 보며 말하고 싶은 얘기가 있다면 아이를 안고 나누어 보게도 하였다.

그렇게 하는 중간중간 심호흡을 하게 하면서 마음의 평안을 유지할 수 있도록 했다. 평소에도 심호흡을 자주 하는 것이 도움이 될 것이라는 권유도 잊지 않았다.

동동이 엄마의 경우 상담 첫날 힘든 장면을 처리하는 대신 아이와의 좋은 기억을 떠올리게 하고 심호흡을 통해 마음의 무거움을 처리하는 데 초점을 맞추어 진행했다.

다음날 다시 동동이 엄마를 만났을 때 "오늘은 기분이 어떠세요?"라고 물었더니 자신들이 일해 왔던 가게를 정리해서 기분이 좋다고 했다. 가게를 정리하고 한국으로 돌아가 시댁에 들어갈 계획을 하고 있었는데 마침 정리가 되어 홀가분하다고 했다.

그리고는 "어제 집에 다녀왔어요"라고 말했다. 동동이 물건을 볼 수조차 없었는데 어제 상담을 하고 다시 집에 갈 수 있을 것 같은 용기가 생겨 동동이의 베개와 평소 입었던 하늘색 꽃무늬 옷을 가져왔다고 했다.

하룻밤 사이 큰 변화가 있었다. 치료를 위해 첫날 다루지 못했던 최악의 장면을 함께 나눌 수 있겠냐고 물었더니 해보자고 했다. 그 최악의 장면은 동동이와 다른 원생들이 불길에 휩싸인 버스 안에 있는 것이었다. 동동이 엄마는 눈을 감고 힘겹게 그 모습을 떠올렸다.

"무엇이 보이세요?"

"동동이가 울고 있어요. 아이들과 버스 기사도 보여요."

흐느끼듯 슬픈 목소리였다.

계속해서 무릎에 양측성 자극을 해주면서 그 장면에 무슨 변화가 있는지 물었다. 동동이가 처음보다 희미하게 보이는데 하얀색 옷을 입고 있다고 말했다. 그리고 맑은 하늘도 보인다고 했다.

힘든 기억들이 점차 처리되어가고 있는 것 같았다. 그러던 중 동동이가 평소 동물원을 가고 싶다고 여러 차례 얘기했는데 같이 못 간 것이 생각난다고 했다. 동동이에게 너무 미안한 마음이 든다고 했다. 그러면 같이 가보자고 말하면서 계속 양측성 자극을 해주었다. 동동이 엄마는 하늘색 꽃무늬 옷을 입고 동물원에서 기린을 보며 환하게 웃고 있는 동동이의 모습을 연상했다. 친구들과 선생님 속에서 즐거워하는 동동이의 모습이 보인다고 했다.

이야기를 이어가면서 동동이 엄마의 얼굴이 한결 밝아졌다. 동동이의 유치원 생활을 사진으로 담아둔 앨범을 보여주었다. 동동이는 밝고 예쁜 아이였다. 동동이를 떠올리며 이야기를 하는 엄마는 환하게 웃기도 하고 아쉬움을 내보이기도 했다. 애도를 하고 있는 것이었다. 하지만 아직 동동이의 생전 동영상은 마치 살아있는 것 같아 보기 힘들다고 했다.

사고 후 처음에는 동동이의 물건을 만질 수도 없었는데 상담을 받고서는 집에 다녀올 용기도 생겼고 동동이의 체취가 남아있는 물건을 안고 느낄 수도 있게 되어 상담자로서 마음이 조금 편안한 가운데 종결할 수 있었다.

3. 너무 그리운 아들아…

슬픔이 좀처럼 통제되지 않은 채 매일 눈물을 쏟으며 힘들어 하고 있는 중국인 엄마(가명 시진 엄마)를 유가족 중 한 엄마가 데리고 왔다. 한국말을 전혀 못해 통역을 두고 상담을 진행했다. 현지에서 식당을 운영하는 한국인을 급히 수소문해 통역을 맡기게 되었는데 통역을 맡은 이가 슬퍼하는 시진 엄마의 말을 통역하며 복받치는 슬픔을 조절하지 못해 계속 상담자의 말에 앞서 자신의 생각을 먼저 말하는 실수를 범했다.

시진 엄마가 계속 울음을 멈추지 못하자 통역하는 이가 나름의 위로를 한 것이 상담 진행에 있어서는 도움이 되지 못했다. 시진 엄마는 아들을 너무 안아보고 싶다고 했다. 평상시 잠자리에 들기 전 한참을 안아서 흔들어주며 재웠기에 매일 밤만 되면 더욱 보고 싶다고 했다. 시진의 모습이 담긴 휴대폰 동영상이나 선생님들이 보내준 앨범을 도저히 볼 수가 없다고 했다.

그런 시진 엄마에게 슬픔을 애써 참는 것보다 오히려 충분한 애도가 필요하다는 것을 권유하며 시진과의 좋은 기억들을 떠올리게 하고 양측성 자극을 해주었다. 시진을 추억하며 계속해서 많은 이야기를 하게 했다. 시진 엄마가 맘껏 웃기도 하고 울 수도 있도록 도왔다.

그에게 가장 많이 떠오르는 장면이 무엇인지 물었더니 아이가 탔던 유치원 버스와, 엄마가 일할 때 입고 나가는 작업복을 볼 때마다 "엄마 옷 갈아입어"라고 말했던 시진의 목소리라고 답했다. 양측성 자극을 계속하는 동안 그 장면이 사라지며 잠자기 전 아들을 안고 입맞추던 장면을 떠올리는 시진 엄마에게 아들을 안고 충분히 얘기하도록 했다.

시진 엄마를 두 번째 만났을 때 시진을 보고 싶은 마음은 여전하여 슬프지만 눈물은 조금씩 멈추는 것 같다는 말을 들었다. 우리는 양측성 자극을 주면서 떠오르는 장면들에 대해 이야기를 하기로 했다. 충분한 애도를 하기 위해서였다.

"시진이는 평소에 걸그룹 원더걸스의 '노바디' 동영상을 따라하는 것을 무척 좋아했어요."

"어릴 때부터 늘 웃으며 잘 울지도 않았어요."

"낯가림이 없어서인지 친구들과도 잘 어울렸어요."

"자동차를 좋아하고 초코우유를 제일 좋아했지요."

끝없이 계속되는 이야기로 아이를 추억하며 함께 애도했다. 시진을 안아보고 싶다고 해서 심상기법으로 아이를 안고 입맞추며 사랑한다고 말하는 등 자신의 감정을 마음껏 표현해보게 했다.

상담을 마치기 전 안전지대를 설정해주고 싶었다. 시진 엄마는 바닷가를 안전지대로 설정했다. 바닷가로 연상된 단어는 편안함이었다. 힘들 때마다 안전지대인 바닷가를 떠올리며 평안을 찾을 수 있도록 알려줬다.

상담을 마치고 나오면서 시진의 영정사진 앞에 놓인 초코우유를 봤다. 시진 엄마의 말을 듣고 난 뒤라 그것이 더욱 애잔하게 느껴져 말없이 한참을 그 앞에 서있었다.

4. 기억이 잘 안 나서 답답해요

 내가 만난 한 아이의 아빠는 슬픈 기색이 너무 진해서 얼굴만 봐도 눈물이 날 것 같았다. 유치원 갔다 오면 일하는 엄마 대신 아빠가 많이 놀아주고 보살폈다고 했다.

 어린 아들이었지만 친구같이 지냈는데 그런 아들을 이제 볼 수가 없어서 너무 슬프다고 했다. 우울해서 사람 만나는 것이 싫다고 했다. 최근에 친구 집에 갔는데 그 집에 있는 아들 친구를 보고 마음이 아파서 그냥 돌아왔다고 했다

 아이 아빠는 중국인이었다. 그래서 통역하는 분을 옆에 두게 되었는데 상담가인 나보다는 통역하시는 분과 더 많은 말을 하면서 내담자도 울고 통역자도 울어서 상담가로 있는 내가 약간은 어색한 상황이 연출되었다.

 나는 통역자와 말하는 내담자의 얼굴을 보고 있었는데 줄곧 큰 눈망울에 눈물이 고이고 호흡이 시원하지 못한 것을 볼 수 있었다. 그래서 두 사람의 대화가 어느 정도 멈추는 지점에서 지금 신체의 어느 부분이 가장 힘들게 느껴지는지 물어보았다.

 내담자는 가슴이 답답하다고 하면서 본인의 가슴 쪽에 손을 갖다

대었다. 그리고 아이가 기억이 잘 나지 않아 힘들다고 말했다. 가슴 답답한 정도가 얼마쯤 되는지 물었더니 최고 점수를 10점이라고 했을 때 10점이라고 했다.

나는 내담자에게서 무력감과 고립의 증상이 제법 많이 나타나고 있다고 보았다. 빨리 치유가 되어 예전처럼 다른 사람을 편안하게 만나고 연결되었으면 좋겠다는 생각이 들었다.

내담자에게 양쪽 무릎을 두드릴 건데 괜찮겠냐고 물었더니 그러라고 했다. 나는 아들에 대한 가장 좋은 장면을 한번 떠올려 보라고 하면서 양측성 자극을 주었다. 그런데 눈을 감은 채 곤란하고 슬픈 표정으로 잘 못 떠올리겠다고 대답했다.

나는 사건 전날로 가서 아들의 장면을 떠올려 볼 수 있겠냐고 물었다. 나는 그 사이에도 계속 양측성 자극을 해주었다. 다행히 그는 몇 장면을 떠올릴 수 있었고, 조금씩 몰입되어 가는 것을 눈동자의 움직임을 보면서 알 수 있었다.

내담자에게 그 장면들을 카메라로 찍듯이 하나씩 찍을 것을 말해주었다. 지시대로 잘 따라와 주었다. 기억을 더 강화시키기 위해 그 장면들을 동영상으로 촬영해 보자고 권했다.

나는 내담자의 무릎을 두드리는 양측성 자극을 계속해 주었다. 충분한 자극을 주었고 어느 정도 내담자의 눈동자가 안정되어 보이는 시점에 잠깐 쉬게 하고 세 번의 심호흡을 하게 했다.

처음에 가슴 답답한 것이 10점이라고 했는데 양측성 자극과 심호흡으로 가슴 답답한 것이 많이 사라져서 고통지수가 2점까지 내려올 수 있었다. 생각보다 회복이 빠르게 일어났다.

아이에 대한 기억을 강화시키기 위해 찍어 놓은 동영상은 언제든지 원할 때마다 틀어서 볼 수 있다고 말하고 다시 양측성 자극을 주었다. 그 동영상을 언제든지 틀어서 볼 수 있겠냐고 물었더니 할 수 있을 것 같다고 대답했다.

심호흡을 또 여러 번 하게 했다. 3번째 자극을 줄 때는 아들을 안고 있을 때의 기억을 떠올리며 감각을 느껴보라고 하였다. 내담자는 아들을 실제로 안았을 때처럼 아들의 머리 위치, 손 위치, 냄새, 얼굴 표정을 떠올릴 수 있었고 나는 그 감각을 강화시켜 주고자 양측성 자극을 계속해 주었다.

그 세트가 끝나자 내담자는 아들에 대한 기억이 잘 떠올리지 못해서 그 미안함으로 가슴이 답답했던 것 같았다고 말했다. 스스로 많은 기억을 떠올리고 심지어 아들을 안았을 때의 감각까지 회복되고 나니 가슴 답답한 것이 많이 사라졌다고 말했다.

이 아빠에게 내가 해준 것은 자극을 주면서 닫힌 기억의 채널을 열어 주고 그로 인해 떠오른 기억과 느낌들을 강화시켜 준 것이었다. 내담자 스스로 통찰이 일어났고 기억하는 것에 어려움이 없어지니 가슴의 통증과 답답함 그리고 아들에 대한 미안함이 사라졌다.

이제는 아들의 친구들을 보면서도 힘들어 하지 않고, 비록 아들은 없지만 아들과 보낸 즐거운 장면들을 추억하며 함께 했던 행복한 시간들을 오래 간직하고 떠올릴 수 있길 바란다.

5. 통역가와 함께 하는 상담

나비 엄마는 대학교수다. 일하는 엄마 대신 외할머니와 외할아버지가 함께 나비를 돌봐주셨다. 나비의 유가족 4분 모두가 영사관으로 상담을 요청해 왔다. 그런데 나비의 아빠 외에는 전혀 한국말이 안되는 상황이었다.

부담스럽기는 했지만 EMDR 치료기법은 언어의 장벽이 있더라도 가능하다라는 생각에 내가 해보겠다고 용기를 내었다.

통역은 조선족 여성봉사단에서 자원봉사로 온다고 했다. 나는 영사관에 통역봉사자 교육을 요청했다. 통역을 하시는 분을 반드시 상담가의 말만 해달라고 일체의 다른 말을 하지 말아달라고 당부했다.

그러나 엄청난 슬픔으로 고통스러워하는 엄마와 대화를 시작한 통역사는 감정이입이 되면서 주의사항을 지키지 못하였고 위로하며 함께 우느라 상담자의 존재조차 잊은 듯했다. 이 상황을 어떻게 할까 잠시 고민하다가 두 사람에게 조금의 시간을 주기로 하고 두 사람을 물끄러미 바라보고 있었다. 함께 울며 위로의 시간을 나누고 있는 그분의 감정을 공감해주기로 한 것이다.

잠시 시간이 흐르자 통역 봉사자는 미리 교육을 받았음에도 자신도 모르게 실수한 상황에 겸연적은 모습으로 미안해했다.

중간중간 상담가인 내가 하는 말만 전달해줄 것과 내담자의 표현을 있는 그대로 통역해줄 것을 재차 요구하면서 상담을 진행했지만 상담이 거의 끝날 무렵에서야 호흡을 맞출 수 있었다.

둘째 날에는 다른 통역사가 올 것이라는 이야기를 들었다. 이제 겨우 호흡을 맞췄는데 다른 이가 오는 것보다는 오늘 함께한 봉사자가 좋겠다는 부탁과 함께 감사의 인사를 하고 헤어졌다.

다음날 예정된 나비 엄마와 외조부모 상담은 1시간 30분씩 세 차례에 걸쳐 통역사와 함께하는 상담이라 많은 부담이 됐다. 상담 못지않게 통역이 매우 중요했다. 상담자로서의 권위를 잃지 않고 잘 진행해야겠다는 각오와 통역사에게 충분히 사전 설명을 해야겠다는 계획으로 통역 봉사자를 만났다. 그런데 감사하게도 어제 못 올 것 같다던 봉사자가 다시 온 것이 아닌가. 정말 반가웠다.

사실 통역을 하며 상담하다 보니 내담자의 감정을 공감하기에는 어려움이 많았다. 다행히 외할아버지의 경우에는 별다른 어려움 없이 심상이 처리됐다. 정해진 상담 시간 안에 가장 힘들어 하는 최악의 장면을 처리할 수 있었다.

나비의 외할머니는 '빈 의자 기법'으로 감정을 처리했는데 그 부분은 통역을 하지 않게 했다. 외할머니가 하고 싶은 대로 소리도 지르고 화도 내면서 감정을 표현하는데 통역으로 흐름을 끊는것이 효과적이지 않다고 생각했기 때문이다. 감정처리 후 EMDR 치료기법으로 감각과 부정 인지의 제거 그리고 긍정 인지의 주입까지 성공적으로 장면처리를 했다.

회기를 종결하면서 외할머니께서는 감사의 인사와 함께 아픔을 당한 다른 이들에게 상담자를 소개하고 싶다고 말했다. 짧은 시간과 언어의 장벽이 있었음에도 내담자의 심상을 처리할 수 있는 경험을 통해 EMDR 치료기법은 언어나 문화가 다른 분들에게도 가능한 기법이라는 확신을 더 갖게 되었다.

6. 나의 손자라 행복했단다

내 아들 압살롬아

내 아들아,

내 아들 압살롬아…

압살롬 내 아들아, 내 아들아!(삼하 18: 33).

아버지 다윗을 대적하여 쿠테타를 일으켰던 아들 압살롬이 에브라임 숲에서 살해되었다는 소식을 들은 다윗이 창자를 쥐어짜고 통곡하며 했던 말이다.

다윗에게 여러 명의 아들이 있었다. 그런데 그 중에서도 유독 아비의 가슴을 아프게 한 자식이 바로 압살롬이었는데 그 자식이 죽었으면 아비의 속이 시원해야 될 듯도 싶은데 다윗은 통곡의 눈물을 흘린다. 아무리 아비의 속을 그렇게도 긁어놓았던 자식이라도 자식을 먼저 보내는 부모의 심정은 '너 대신에 차라리 내가 죽을 것을'이라는 표현으로 대변되고 있다.

재난 현장에서 소중한 자녀를 잃어버린 부모들이 공통적으로 갖는 감정이 죄책감이다. 부모는 자녀를 사랑하여 많은 것을 베

풀고 주고 또 준다. 그래도 전혀 아깝지 않은 것은 내 자식이기 때문이다. 비록 하나님 아버지처럼 완전한 사랑을 자식에게 줄 수 없었고 때로는 왜곡되고 미성숙한 사랑을 표현하였지만 분명한 사실은 '나는 너를 사랑한다'는 것이다. 자식을 떠나보내는 부모는 잘해주었던 기억보다는 잘해주지 못한 기억이 생각나서 자식을 그냥 보내는 것이 더욱 힘들다.

나는 사랑했던 손자 현세를 떠나보내고 죄책감에 힘들어 하시는 할아버지를 상담하였다. 할아버지는 중국어와 한국어를 함께 사용하시는 조선족이셨다. 성실하고 열심히 사신 할아버지 내외는 이곳에서 사업의 기반을 잡고 아들 부부와 하루하루 만족하며 살았다.

할아버지는 현세가 있기에 더 행복하게 살아가는 분이셨다. 할아버지는 사업에 바쁜 아들 부부를 대신해서 현세를 돌보고 양육하였다. 할아버지는 현세 때문에 그 좋아하시던 술도 끊었다고 하셨다. 현세가 좋아하는 우유를 타주고, 현세의 볼에 뽀뽀하고, 놀이터에 함께 가서 놀아주고, 안아주고…. 손자와의 추억이 많으셨다.

나는 할아버지에게 어디가 불편하시냐고 물었다. 그는 한참을 생각하시더니 가슴 쪽에 타는 듯한 느낌과 배 아래쪽에 눌리는 느낌을 호소하였다. 몸은 우리가 무시하거나 혹은 미처 인식하지도 못하는 감정에 정직하게 반응한다. 할아버지의 통증도 마찬가지이다. 물어보지 않으면 아픈 줄도 모르는 것이다. 내가 지금 얼마나 마음이 아픈지 모르는 것이다.

때로 우리의 냉철한 생각은 아파하고 충분히 애도해야 할 상황에도 아무 일 없었다는 듯 냉철하게 행동하도록 만든다.

'손자의 사고를 수습해야 하는데 내가 아파할 여유가 어디 있어?'
'정신 바짝 차려야 해.'

다윗 왕이 아들 압살롬의 죽음 앞에서 통곡할 때도 요압 장군은 왕이 여기서 울고 있을 때가 아니라 정신을 차리고 성문에 나가 앉아야 할 때라고 야단을 친다. 재난을 당했을 때 우리의 이성은 요압 장군처럼 마음과는 다르게 냉철하게 행동하도록 우리에게 요구하는 것이다.

할아버지가 손자를 잃고 주로 느꼈던 감정은 잘해주지 못한 것과 지켜주지 못한 것에 대한 죄책감, 그리고 사고를 잘 수습해야 한다는 책임감이었다. 그러나 할아버지에게는 갑자기 손자를 잃어버린 것에 대한 놀람의 감정도 있고, 갑자기 이별하는 것에 대한 슬픈 감정도 있었다. 가슴의 통증과 배 아래쪽에 눌리는 감각은 이러한 다양한 감정들이 상호작용한 결과였다.

할아버지는 현세의 사진들과 동영상들을 휴대폰에 저장하고 있었다. 할아버지는 사진 속에서 활짝 웃고 있는 현세의 얼굴을 손으로 어루만지시며 옅은 미소를 지었다. 현세의 사진마다 동영상마다 상세하게 설명하며 활짝 웃음을 지었다. 할아버지는 현세와 많은 곳을 여행했었다. 상하이, 한국, 그리고 사고 나기 전날에는 쥐웅도라는 곳에 함께 갔었다.

할아버지는 휴대폰에 저장되어 있는 사진들과 동영상을 통해 현세를 기억하여 추억할 수 있다. 고인과의 좋은 기억을 추억하는 것은 긍정적인 애도의 효과가 있으며, 상실감에서 속히 회복되도록 돕는다. 그러나 죄책감은 긍정적인 기억을 떠올리는 것을 방해하여 내담자들을 오히려 우울하고 무기력하게 만들 수 있다.

나는 현세의 동영상 중에 할아버지가 가장 좋아하는 동영상을 여러 차례 함께 보았다. 그리고 할아버지의 눈을 감게 하였다. 그리고 할아버지가 오른손가락으로 마음의 버튼을 누르면 현세가 활짝 웃고 있는 모습을 크게 볼 수 있다고 하였다. 할아버지는 그의 심상을 통해 현세의 환하게 웃고 있는 모습과 깔깔 웃는 웃음소리를 들을 수 있었다. 할아버지도 현세를 따라 환하게 웃고 계셨다.

할아버지는 현세를 한 번만이라도 꼭 만져보고 싶다고 하셨다. 나는 침대에 있던 베개를 드리면서 현세를 꼭 한번 안아보라고 말씀드렸다. 할아버지는 "현세야!" 라고 부르시며 베개를 꼬옥 안으셨다. 지금 이 순간은 현세를 품에 안고 계시는 것이었다. 현세의 촉감이 너무 부드럽고 좋다고 하셨다. 여전히 현세에게서 기분 좋은 젖비린내가 난다고 하셨다. 현세를 여러 번 흔들어 주시고는 엉덩이를 토닥토닥 두드리셨다. 그리고 중국어로 현세와 진심을 담아 대화하기 시작하셨다. 그렇게 한참의 시간이 흘렀다.

나는 할아버지에게 다음과 같이 따라 하라고 하였다.

"현세야! 할아버지는 우리 현세를 사랑해. 그리고 현세를 위해 최선을 다했어. 현세야 고마워! 할아버지는 우리 현세에게 우유도 타주고, 현세를 위해 술도 끊고, 놀이터도 함께 가고, 안아주기도 하고. 할아버지는 현세를 사랑했단다. 함께 상하이도 가고, 한국도 다녀오고, 쥐웅도도 가고…."

할아버지는 현세와 소중한 추억을 가지고 있음을 말씀드렸다.

"언제든지 할아버지는 현세가 보고 싶을 때마다 눈을 감고 현세의 활짝 웃는 모습을 볼 수 있습니다. 그리고 웃음소리를 들을 수 있습니다. 필요하면 그 피부를 어루만질 수도 있답니다."

할아버지는 현세를 추억할 수 있다는 것에 안도감을 느끼셨다. 잠시였지만 간절히 원하는 마음으로 현세를 만져볼 수 있었다는 것에 즐거워하셨다. 그동안 미안한 마음만 가득했는데 내가 현세를 위해 나름 최선을 다했었다고 말할 수 있음에도 감격하셨다.

상담자가 함께 애도하며 더불어 추억을 기억하는 것으로 내담자의 모든 아픔을 치유할 수는 없다. 하지만 죄책감에 시달리는 내담자에게 긍정적인 힘을 주고 치유를 위한 회복 탄력성을 향상시켜 행복한 시간을 기억하고 느낄 수 있도록 도울 수는 있다.

7. 슬퍼서 뛰어요

서은이를 만나러 방으로 들어갔을 때 서은이는 내가 들어온 것을 알면서도 침대에서 계속 뛰기만 했다. 뒤를 한 번 돌아볼 뿐 누구냐고 묻지도 않았다. 얼굴에서 슬픈 표정을 읽을 수 없었다.

간단하게 "안녕"이라고 인사를 하고 먼저 의자에 앉았다. 낯선 사람과 이야기를 한다는 불편함은 어른이나 아이나 다를 것이 없는 것 같다. 일부러 준비해 간 천사 점토를 꺼내어 보여주자 서은이가 관심을 보이며 침대에서 내려와서 앉는다. 만져 보겠냐고 물었더니 대답 대신 조물조물 만지기 시작했다. 느낌이 부드럽다고 말하면서 색깔 있는 건 없냐고 물었다. 천사 점토라서 흰색뿐이라고 답해줬다.

서은이에게 동생 이야기를 꺼내 볼 요량으로 동생에게 선물해주고 싶은 게 있냐고 묻자 만지던 점토를 가지고 뭔가를 만들었다. 작은 집이었다. 서은이는 동생이 살 집이라고 말하며 갑자기 형광색 스티커가 있냐고 물었다. 동생은 어두우면 무서워하기 때문에 집에다 형광스티커를 붙여야 한다고 했다. 그리고 동생이 자동차도 좋아한다고 하면서 내게 자동차 스티커도 있냐고 물었다. 찾아보고 내일 가져다주겠다고 했더니 기분 좋은 표정을 지었다.

서은이에게 혼자 있을 때 어떻게 지내는지 물었더니 매일 게임을 한다고 했다. 서은이는 슬픔을 회피하고 있었다. 동생의 죽음에 대해서도 말하지 않았다. 울지도 않았다.

둘째 날 서은이는 지난밤에 만들었던 작은 집에 예쁜 색을 칠해 동생에게 가져다주었다고 했다. 내가 자동차 스티커를 건네주자 씨익 웃었다.

"선생님, 저랑 제가 만든 거 보러 갈래요?"

어제보다 한결 밝아졌다. 오늘은 무엇을 했는지 물었더니 혼자 게임하고 침대에서 뛰다가 공부를 조금 했다고 대답했다. 나는 조심스레 물었다.

"서은아, 엄마랑 아빠가 지금 많이 슬픈데, 너는 어떠니?"

"나는…슬프면 그냥 침대에서 뛰어요."

"아, 슬퍼서 침대에서 뛰는구나."

"예, 화가 나면 먹고요."

"그래?"

"한참을 뛰고 나면 기분이 좀 나아져요…."

서은이에게 몇 번을 뛰면 편하냐고 물었더니 30번 정도라고 했다. 서은이는 그렇게 슬픔을 표현하고 있었다. 서은이는 매일 슬퍼서 뛰었다. 갑자기 사라진 동생에 대한 슬픔을 자기만의 방식으로 표출하고 있었다. 가족이 함께 슬퍼하면서 동생을 추억하며 보내야 하는데 서은이의 부모는 서은이 앞에서만큼은 슬픔을 표현하지 않았던 것 같았다.

서은이에게 상담을 할 때 활용하는 사진을 보여주며 마음에 드는 것이 있냐고 물어봤다. 서은이는 엄마 수달이 아기를 안고 있는 사진이 마음에 든다고 했다. 그런데 엄마와 아기를 떼서 아기 수달만 가지고 싶다고 했다. 서연이는 동생을 그리워하면서도 그 그리움과 슬픔을 회피하는 것으로 보여서 충분히 애도하게 해주고 싶었다.

함께 자동차 스티커를 들고 동생에게 갔다. 서은이는 내 손을 잡고 동생 사진 앞에 놓인 점토집을 보여줬다. 그리고는 그 앞에 동생이 좋아하는 자동차 스티커를 올려놨다. 동생이 정말 좋아하겠다고 말하자 서은이도 그럴 것 같다며 웃었다.

서은이가 조금씩 마음을 열어가는 것이 느껴진다. 이제 아빠 엄마와 함께 동생을 잃은 것을 애도했으면 한다. 서은이가 자연스럽게 자신의 슬픈 감정을 표현했으면 한다. 그래서 동생을 사랑하고 그리워하는 마음이 얼어붙은 성처럼 되지 않았으면 한다.

'겨울왕국'이라는 만화 영화에 'Let it go'라는 주제곡이 있는데 아이들에게 인기가 많았다. 얼음성에 사는 엘사 공주가 세상을 향해 부르는 노래다. 결코 저 노래가 서은이의 마음의 노래가 되지 않도록 사랑으로 마음이 열리게 되길 소망한다.

'Love is an open door.'

✤ 아동·청소년 PTSD*와 성인 PTSD의 차이점

✓ 증상의 차이점
- 외상 사건과 관련된 괴로운 기억들이 반드시 '고통스러운 것'으로만 나타나지 않음.
- 일상적이고 자연스러운 놀이 상황에서 외상 경험을 재연하는 경우가 많음.
- 외상 사건과 직접적으로 연관되지 않거나, 알 수 없는 무서운 꿈을 꾸기도 함.

✓ 발달적·인지적 특성 관련 차이점
- 외상 사건에 대한 경험 및 감정을 언어적으로 표현하는 것을 어려워 함.
- 직접 경험한 외상 사건의 위험 정도를 인지적으로 이해하지 못하는 경우가 있음.

아동·청소년기 외상은 어린 시절뿐만 아니라 성인기까지 지속적인 영향을 미치기 때문에, 적절한 개입과 치료가 이루어져야 한다. 아동들은 생각을 언어로 자세히 묘사할 수 있는 능력이 성인보다 부족하기 때문에, 아동은 사건과 관련된 시각적인 요소를 반복적으로 놀이나 그림을 그리는 행위를 통해 재경험하는 특징을 보인다.**

---

*   PTSD(post traumatic stress disorder): 외상 후 스트레스 장애
** 김동일 외(편), 『재난대응·위기상담』(서울: 학지사, 2017), 107.

8. 슬프다 말하지 못하는 아빠

동동이 아버지는 키도 골격도 큰, 마치 바위 같은 모습이었다. 무거운 표정에 머리를 짧게 깎은 모습이 왠지 가까이 다가가 말을 건네기가 쉽지 않아 보였다. 마주보고 앉은 첫 대면, 한동안 말문이 열리지 않았다.

동동이 아버지가 얘기한 사고의 기억은 여느 어머니들과는 사뭇 달랐다. 그 시각이 좀 더 객관적이고 구체적이었다. 사고가 났던 그날 아침, 아이들을 찾기 위해 차를 운전해 동분서주했으나 비 내리는 아침 시각이라 차량들이 정체돼 빨리 움직일 수 없어 애만 태우고 있었다고 했다.

아이들이 어디에 있는지조차 알 수 없이 불안함과 답답함만 커져가고 있을 때쯤 휴대전화가 울렸다고 했다. 전화기를 타고 들려오는 소식, 바로 아이들의 사고였다. 순간 손에 들고 있던 전화기가 떨릴 정도로 심장은 쿵쾅거렸고 시간이 멈춰버린 듯 그대로 온몸이 굳어버렸다고 했다.

동동이 아버지에게 이번 사고 최악의 장면은 비 오는 아침 차 안에서 전화로 사고 소식을 듣는 것이었다. 그는 머리 뒤쪽이 싸늘해지면서 가슴이 답답하다고 했다. 그 장면을 양측성 자극으로 처리했다.

고통스런 기억을 떠올리며 상담이 이어졌다. 병원으로 달려간 아버지가 마주한 더욱 충격적인 장면은 화마에 그을린 채 싸늘하게 누워있는 동동이였다. 말로 표현할 수 없는 고통으로 큰 바위처럼 흔들리지 않을 것 같은 아버지의 두 눈에서 눈물이 흘러내리기 시작했다. 아이를 잃은 애통함과 지켜주지 못했다는 자책감이 뒤범벅된 눈물이었다.

나는 함께 울었다. 그 장면이 계속해 아버지를 고통스럽게 할 것이기에 양측성 자극으로 기억을 처리하고는 동동이와 바닷가에서 연을 날리며 즐거웠던 시간을 추억하면서 함께 애도했다. 그리고는 시원함이 연상되는 백두산 천지를 동동이 아버지의 안전지대로 설정했다.

시간이 지나면서 슬픔만이 가득했던 그의 얼굴에서 희미하게나마 웃는 모습이 나타나며 약간의 여유로움이 묻어났다. 슬픔을 그저 삼키려고만 했던 그가 조금이나마 그것을 내어놓고 함께 애도하는 모습이었다.

자신의 감정을 잘 표현하지 않는 성격의 동동이 아버지에게 슬픔은 외면해서도 감추어서도 안 되는 일종의 정서이며 아프면 아픈대로 충분히 드러내야 견딜 수 있는 것임을 거듭 일렀다. 또한 같은 아픔으로 힘들어 하는 아내와 슬픔을 공유하며 더 많이 안아주면서 서로의 사랑으로 동동이의 빈자리를 채워갈 것과 임신 중인 아내를 위해, 또 태중의 아이를 위해 부부가 함께 태교에 마음을 다할 것을 당부하며 상담을 마쳤다.

9. 선생님, 울어도 돼요

　유치원 선생님들이 집단 상담을 하기 위해 모였다는 말을 듣고 1층으로 내려갔다. 간단하게 인사를 나누고 함께 한인회에서 준비해준 점심을 같이 먹었다. 같이 앉아 있는 동안 유가족들에게서 느껴지는 느낌과는 다른 무거움이 전달되어 왔다.

　선생님들의 감정 안에는 슬픔만 있는 것 같지 않았다.

　"말하고 싶지 않아요."

　"그냥 좀 내버려 둬요."

　실제로 말하지는 않았지만 그런 무언의 소리가 전해지는 것만 같았다. 내 마음 깊은 곳에서도 침울함으로 가슴이 답답했다. 식사를 마치고 집단 상담실로 이동하여 상담을 시작했다. '사진을 통한 감정 알아보기'를 하기로 했다.

　"자녀를 잃은 슬픔 앞에서 제자를 잃은 슬픔은 슬픔이라고 말 할 수 없었어요. 나는 그분들 앞에서 울 자격도 없는 죄인이잖아요."

　모두 같은 마음으로 삼켜야 했던 감정이 한꺼번에 터지고 말았다.

　사고가 나고 2주가 훨씬 지난 지금에서야 처음으로 속마음을 나눈다고 했다. 그들은 보배들의 빈소를 지키며 부모님들을 위해 아이들 앨범을 만들고 그렇게 매일 만났지만 정작 서로의 마음은 나누지 못하고 있었다.

행여 감정이 폭발하여 유족들과 주변에 누가 될까봐서이다. 장보러 다니는 것도 눈치가 보여 사람들의 눈을 피하게 된다는 말에 고개를 끄덕이며 자신도 그렇다고 서로 공감하며 위로와 격려를 주고받았다.

집에 가면 가족들 눈치 보이고 심지어는 빈소에서조차 마음껏 울지 못했다는 선생님의 말처럼 선생님들의 슬픔은 표현되지 못하고 무시되고 있었다. 어떤 선생님은 부모님들 앞에서 숨 쉬는 것도 밥 먹는 것도 죄송하다고 했다. 책임감의 무게가 쇳덩이처럼 느껴졌다고 하며, 차라리 우리에게 화라도 내주시면 마음이 가벼워질 것 같다고 말한 선생님도 있었다. 어떤 분은 학교의 입장과 유족들의 감정을 다 살펴야 하는 위치여서 힘들었다고 마음을 털어 놓았다.

어떤 분은 부모님들이 보여주신 신뢰가 긍정적인 힘이 되어 이분들에게 위로가 되는 거라면 뭐든 하겠다는 마음이 일어났다고도 했다. 그들은 슬픔을 당한 부모님들께 아무것도 해줄 수 없는 현실과 자신들의 처지에 답답해했다.

아이들이 눈떠 있는 동안 가장 많은 시간을 보내는 사람이 선생님들이다. 이들에게도 아이를 잃은 사건은 너무 큰 충격이고 슬픔인데 심리적 외상을 자연스럽게 표출하지 못해서 신체적 증상으로 나타나고 있었다. 두통, 허리통증, 불면증, 팔의 통증, 가위눌리는 증상, 가슴이 답답한 증상 등 이미 여러 가지 증상이 선생님들에게 나타나고 있었다.

선생님들은 이제라도 서로 마음을 나눌 수 있는 기회가 있어서 감사하다는 고백을 같은 마음으로 했다. 서로를 돌아보아 격려함과 더불어 자신의 마음의 소리에도 귀를 기울일 때가 되었다.

"선생님, 이제 울어도 괜찮아요."

10. 온몸이 아파요

 중국에 온 지 10년이 되었다는 민 선생님은 온몸이 아파서 제대로 움직이기도 힘들다고 했다. 교사들을 위한 집단 상담 때에 와서 앉아 있는데 무척 힘들어 보였다.

 처음에는 머리의 통증이 심했는데 시간이 지나면서 통증이 허리로 내려와서 움직이는 것이 많이 불편하다고 호소하였다. 그러나 몸의 통증보다 더 견디기 힘든 것은 사람들의 시선에서 오는 불편함이라고 했다.

 교사들은 유가족들과 남은 다른 학생들의 슬픔에 대해 더 신경을 쓰느라 자신들의 감정은 돌보지 못하고 있었다. 자신들도 상실감과 슬픔이 심한데 어디에서도 편하게 자신들의 감정을 내놓고 말할 수도 위로 받을 수도 없었다고 했다.

 처음에 교사들은 상담을 거부하는 모습을 보였다. 자신들을 이해하고 아무도 이 상태에 있는 자신들을 위로할 수 없다는 강한 부정인지를 갖고 있었다.

 나와 상담을 하게 된 민 선생님은 그 중에서도 유난히 몸이 아팠고 힘들어 했다. 병원에 가서 치료 받을 때 외에는 거의 외출을 하지 않고 집에서 가족과 있다고 했다.

상담을 시작하기 전에 양측성 자극을 통해서 부정적인 감각, 감정, 인지와 사고를 처리하는 것에 대해 설명을 해주었다. 먼저 본인이 가지고 있는 부정적인 인지를 물었다.

"내가 잘못했다."

"나는 아무것도 할 수 없다."

"내겐 희망이 없다."

"나는 죄인이다."

여러 개의 부정적 인지를 말하였다. 상담 이후에 자신이 가지게 될 긍정적 인지가 무엇이면 좋겠냐는 질문에 "나는 무엇이든, 아무것이든 할 수 있다"로 하고 싶다고 했다.

현재 가장 불편한 감각은 신체의 어느 부위에서 느껴지냐고 물으니 허리라고 했다.

주관적으로 느껴지는 불편감(SUDS)[*]이 10점이 최고라고 했을 때 몇 점이냐고 물었더니 10점이라고 했다. 최악의 장면을 설정하고 양측성 자극을 주면서 불편한 감정과 감각을 처리하자고 말해주

---

[*] 프랜신 샤피로(Fransine Shapiro)가 사용한 SUDS는 정신과 의사이자 행동치료학자인 조셉 울프(J. Wolpe)에 의해 개발되었다. 총 11단계(0~10점)이며 표적심상에서 불편감이 매우 불편하면 10점, 전혀 불편하지 않으면 0점이다. 세션이 진행될 때마다 구두로 평가한다.

었다. 민 선생님은 최악의 장면을 이번에 사고로 죽은 중국인 교사로 정하였다. 자극을 주는 동안 장면이 바뀌면 말을 해 달라고 했다. 선생님은 기억의 처리 속도가 빨랐고 몰입이 잘 되었다. 최악의 장면이었던 중국 선생님의 얼굴이 양측성 자극을 주는 동안 점점 작아지면서 멀리 사라졌다고 했다.

두 번째 처리하고 싶은 장면은 반 아이였던 남자아이를 타켓으로 정하였다. 처음과 동일한 방법으로 자극을 줄 때에 한 장면에 머무르지 말고 흘러가게 두고 장면을 따라가보라고 했다. 선생님의 눈동자가 심하게 움직이기 시작했고 여러 장면을 보는지 표정의 변화가 많이 일어났다. 처음에는 슬픈 표정이었는데 점점 엷은 미소가 퍼지면서 그 아이뿐만 아니라 다른 아이들도 자기에게 달려와 안기며 "놀아줘요" 한다는 것이다. 선생님은 아이들과 만나 같이 놀고 있는 장면을 보고 있었다.

나는 그 장면에서 행복한 감정을 강화시키기 위해 다시 양측성 자극을 해주었다. 동료 중국인 교사와 아이들을 기억하면 고통지수가 6~7점이라고 했는데 나중에는 1점까지 내려왔다. 처음 시작할 때와 다르게 선생님의 슬픈 얼굴이 달라져 있었다. 나 또한 신기하게 여겨질 정도였다.

선생님은 사고 후 죄책감과 두려움 때문에 집을 나갈 수도 없었고

마트에조차 나갈 수 없었다고 했다. 부모님들 얼굴조차 마주볼 수 없었다고 했다. 그런데 상담을 하고 돌아가서 아이들 사진을 정리하면서 앨범을 밤새 만들었다고 한다. 그리고 엄마들을 찾아가서 아이들 앨범을 전해주고 아이들 얘기도 나누고 돌아왔다고 했다.

두 번째 상담을 하면서 선생님의 안전지대를 물었다. 선생님은 집이라고 하며 남편이 보이는데 요리를 하고 있다고 했고 아이들은 거실에서 놀고 있는 장면을 설명해 주었다. 그러면서 친정아버지도 거실에 서 있는 모습이 보인다고 했다. 아버지가 왜 집에 서 있는지 의문이 들어서 아버지에 대해서 물었더니 선생님이 6학년이었을 때 갑자기 돌아가셨다고 했다. 그리고 엄마와 자기를 두고 갑자기 돌아가셔서 아버지가 미웠고 본인이 어머니를 지켜야 한다는 책임감 때문에 많이 힘들었다고 말했다. 계속 양측성 자극을 해 주었다.

나는 아버지가 갑자기 돌아가시면서 선생님이 가져야 했던 무거운 책임감이 아이들의 사고가 나면서 다시 기억으로 떠올라 심적으로 많이 힘들게 한 것 같다고 말해 주었더니 그런거 같다고 수긍을 하였다. 미해결로 남아 있는 문제가 다른 트라우마 사건으로 인해 다시 경험될 수 있다는 것을 생각해 볼 수 있었다.

오래 묻혀 있었던 불편한 감정을 통찰하고 변화가 온 걸로 봐서 분명 신체증상에도 변화가 있으리라 믿으며 상담을 마무리 했다.

chapter3

트라우마와 상담

1. 심리적 외상(trauma)의 의미

어느 날 아침 당신은 잠에서 깨어나 반짝이는 햇살 가운데 이슬비가 내리는 창밖 풍경을 바라보고 있다.

당신은 평온함과 평화로움을 느낄 수 있을 것이다. 그 장면을 상상만 해도 몸과 마음에 평화와 여유가 깃들 것이다. 그러나 당신이 이슬비가 내리는 이른 아침에 운전을 하다가 충격적인 교통사고를 당했다면 이야기는 달라질 것이다.

비가 내리는 아침의 창밖 풍경을 상상하기만 해도 교통사고 장면이 연상되어 불안과 공포가 밀려올 것이다. 어떤 사람들은 똑같은 장면과 상황에서 평화를 경험하고, 어떤 사람들은 공포를 경험할 수도 있다.

더욱 흥미로운 것은 유사한 사고를 경험한 모든 사람이 똑같은 크기의 공포를 경험하는 것도 아니라는 점이다. 이슬비가 내리는 이른 아침에 심각한 정도의 교통사고를 당하여 몸이 크게 다쳤음에도 불구하고 여전히 이른 아침의 햇살과 이슬비를 여전히 즐기는 사람도 있다.

그렇다면 그 차이는 무엇일까?

사람은 살면서 순간순간 크고 작은 사건을 경험한다. 크고 작은 사건은 우리에게 교훈이 되고 그 교훈들이 모여 삶의 지혜가 된다.

나는 멕시코의 어느 도시 작은 가게에서 예쁜 가방을 구입한 적이 있다. 가방이 마음에 들어 행복함을 느꼈다. 그런데 며칠 후 방문한 다른 가게에서는 똑같은 가방을 더 저렴하게 팔고 있었다. 나는 순간 화가 났다.

'다음부터는 좀 더 둘러보고 신중하게 물건을 구입해야지. 나의 신중하지 못함이 늘 문제야.'

나는 사소한 사건을 통해 교훈을 얻은 것이다.

당신은 매 순간 일어나는 사건을 통해 배움을 얻고 교훈을 얻을 수 있다. 오늘 사건을 통해 얻은 교훈은 마음의 창고에 또 다른 교훈들과 통합되어 당신의 지혜는 한층 업그레이드 되는 것이다. 그래서 아픈 만큼 성숙해진다는 말은 틀린 말이 아니다.

그러나 모든 사건이 교훈이 되는 것은 아니다. 어떤 사건은 교훈이 되지 않고 오히려 상처가 된다. 그 사건이 일어났던 장소, 분위기, 사건과 유사한 단서만 접촉해도 공포와 두려움 또는 분노의 감정이 일어날 수 있다. 그래서 어떤 분은 교통사고를 겪고 수년의 세월이 지났어도 여전히 자동차를 타면 공포를 느끼기도 한다.

우리가 경험했던 사건의 기억이 기존의 기억들과 통합되어 교훈이 되지 못하고 오히려 우리를 괴롭히는 상태를 심리적 외상, 트라우마라고 한다.

> 트라우마의 경험은 아주 오랜 시간이 흐른 뒤에도 위험을 암시하는 실낱 같은 단서만 주어지면 다시 활성화되고, 뇌 회로를 뒤흔들며 방대한 양의 스트레스 호르몬을 분비시킨다. 이로 인한 불쾌한 감정은 신체 감각을 극도로 예민하게 만들고 충동적이고 공격적인 행동을 촉발시킨다.[*]

트라우마의 기억이 무서운 것은 그 특정 기억이 세월이 흘러도 여전히 선명하게 남아 있다는 것이다. 사고 당시의 냄새, 몸의 감각, 이미지, 생각과 감정까지도 생생하게 기억되어 우리를 괴롭히기 때문이다. 미국인들은 2001년 9월 11일 화요일 자신이 어디에 있었고 무엇을 보았는지 아직도 정확히 기억하고 있지만, 그 전날인 9월 10일의 일을 일부라도 기억하는 사람은 별로 없다.

일상에서 겪는 일들은 대부분 곧바로 잊힌다. 평상시와 다름없는

---

[*] B. A. van der Kolk. *The Body keeps the scores*, 제호영 역, 『몸은 기억한다』(서울: 을유문화사, 2016), 24.

날은 저녁에 집에 돌아오면 별로 할 얘기가 없다. 그러나 직장에서 모욕당한 경험, 상처받은 기억들은 기억에 오랫동안 남는다. 이런 일을 겪으면 잠재적 위협을 느끼고 신체를 방어하기 위해 분비된 아드레날린은 그 사건이 마음 깊이 새겨지지 않도록 도와준다. 그래서 보통 상처 입은 말의 내용은 서서히 희미해지지만 그 말을 한 사람을 싫어하는 마음은 지속되는 것이다.[*]

포항에서 발생했던 지진(2017년)이나 교통사고처럼 본인이 직접 사고현장에서 충격적 사건을 경험하여 트라우마 증상을 겪는 것이 가장 일반적이다. 그래서 트라우마 환자라고 하면 충격적인 사건을 몸소 경험한 일차적 희생자만을 생각하기 쉽다.

그러나 우리가 중국에서 만났던 유가족들과 유치원 교사들은 유치원 버스 참사의 이차적인 희생자들이다. 그들이 직접 참사를 당한 것은 아니다. 그들은 사랑하는 아이들을 뜨거운 불 가운데 띠나보낸 사람들이다. 그래서 그분들은 살아가는 동안 자녀가 당했던 고통의 갑절을 몸과 마음에 짊어지고 살아가야 하는 분들이다.

물론 마음의 상처가 잘 치유되고 승화되어 자신의 삶에서 귀한 교훈과 지혜를 얻어 살아가는 사람들, 소위 외상 후 성장(Posttraumatic

---

[*] 앞의 책. 282.

growth)을 경험하는 사람들이 있다.

사도 바울을 잘 알지 않는가?

그는 다메섹 도상에서 예수를 만난 사건 후 진로의 중요한 전환을 경험한 사람이다. 그는 며칠간 세상을 볼 수 없었던 암흑의 경험이 있었다. 눈이 실명된 것이다. 시력을 완전히 잃어버려 누군가의 도움을 받을 수밖에 없는 자신의 현실은 트라우마 그 자체였다.

그러나 그는 암흑의 경험 후에, 보이는 세계에 집착하며 살아왔던 자신을 새롭게 돌아볼 수 있는 교훈을 얻고, 한평생 이방인들에게 복음을 전하는 전도자의 삶을 살아갔다.

우리의 인생도 다양한 트라우마를 경험하며 살아간다. 우리가 경험하는 외상 사건은 우리에게 교훈과 의미를 던져준다. 부엌에서 과도를 사용하다가 손가락을 다친 사람은 과도를 사용할 때마다 더욱 조심한다. 여행지에서 소중한 물건을 잃어버린 사람들은 여행지로 떠날 때 더욱 조심하고 신중을 기한다. 운전하다가 사고를 당한 사람은 더 조심해서 운전한다.

우리가 경험하는 크고 작은 외상 사건은 우리에게 교훈과 의미를 주는 순기능도 있다. 우리는 트라우마를 통해 배우고 성장하는 것이다. 그러나 모든 외상 사건이 우리를 성장시키는 것은 아니다. 오히려 외상 사건 때문에 세월이 흘러도 아파하고 힘들어 하는 경우도 많다. 치명적인 휴유증도 남을 수 있다. 그래서 심리학이나 상담학에서는 트라우마와 관련한 심리장애를 심각하게 다룬다.

일반적으로 어떤 충격적인 사건을 경험하고 난 뒤에 그 휴유증으로 1개월 이상 다양한 부적응적 증상들을 재경험(flashback)하는 경우, 외상 후 스트레스 장애(Post Traumatic Stress Disorder: PTSD)로 진단할 수 있다. 우리가 중국에서 트라우마 치료를 위해 유가족을 만났을 때는 유치원 버스 참사 후 약 3주 정도의 시간이 경과했었기 때문에 유가족들의 고통의 정도가 아무리 심각해도 PTSD로 진단하지는 않는다.

이 경우는 오히려 급성 스트레스 장애(Acute Stress Disorder: ASD)로 진단할 수 있다. ASD는 주요 증상이 PTSD와 동등하지만, 증상기간이 3일 이상 1개월 이내로 짧다는 점에서 그 차이가 있다.

2. 심리적 외상의 주요 증상들

빛이 스펙트럼을 통과하면 8개 빛깔의 다양한 색으로 분산된다. 마찬가지로 트라우마의 증상들은 무지개 빛깔처럼 다양하지만 그 증상들을 특성에 따라 다음의 몇 개의 증상으로 구분해볼 수 있을 것이다.

✔ 침투와 회피

침투 증상(intrusion symptoms)이란 통합되지 못하고 얼어붙은 기억이 반복적으로 재연되는 것을 말한다. 치명적인 기억이 문득문득 떠오르고 꿈에 나타나기도 하며, 사건과 관련한 유사한 단서를 접하게 되면 그 사건이 재발하고 있는 것 같은 행동이나 느낌이 지속되어 심리적·신체적 고통이 유발되는 것이다.

그래서 트라우마를 겪고 있는 내담자들은 외상과 관련된 자극을 피하려는 경향을 보인다. 외상 사건과 관련한 생각이나 대화를 피하려고 하고 그와 관련한 장소나 사람을 피하는 것이다. 강간을 당한 여성은 어떤 방식으로든 자신이 강간당한 것을 기억나게 하는 장소를 피한다.

또한 범인의 특징, 예를 들면 나이, 인종, 키 등이 그녀의 신경계에 그대로 남아 있기 때문에 그 기억을 회상할 때마다 강한 정서적 반응이 유발된다. 그러다 보니 점점 사람들과의 관계에서 고립감과 소외감을 느끼고, 중요한 활동에 대한 흥미가 크게 저하된다. 이러한 침투 증상과 회피 증상은 분리되어 나타나기도 하지만 대부분의 경우 함께 연동하며 상호작용한다.

우리는 유치원 버스 참사를 당한 유가족들과 같은 호텔에 함께 머물면서 그들의 숙소를 직접 방문하여 심리상담을 진행하였다. 상진이 엄마는 사고 후 창밖을 바라보기 힘들어 했다. 사고 당일 비가 왔었기 때문이다. 혹시라도 창밖에 비가 내리는 것을 보면 그 때의 끔찍한 기억이 떠오르는 것이 힘들기 때문이었다. 그래서 아예 그녀가 머물고 있는 호텔 방의 창문에는 커튼이 항상 드리워져 있었다.

진우 엄마는 사고 둘째 날 손수 운전하여 집에서 호텔로 오게 되었다. 운전대를 잡는 순간부터 내리는 비를 보면서 손이 떨리고 힘들었다. 사고 당일 비가 왔었다는 것을 몸이 기억하고 있기 때문이다. 게다가 터널을 통과하게 되었을 때는 아이가 타고 있는 차가 불타는 장면이 자동 연상되면서 구토가 일어나 차에서 내릴 수밖에 없었다. 진희 엄마는 인터넷에 떠돌고 있는 유치원 버스 사고 차량에 불이 붙어 있는 장면을 우연히 보게 되었다. 그녀는 이 장면을 본 후에 시도 때도 없이 차가 불타는 장면이 불쑥불쑥 떠올라 고통 당하고 있었다.

✓ 죄책감

현세의 가족들은 사고 후 죄책감에 시달리고 있었다.

현세의 친할머니는 사고 후 거의 매일 꿈에 손자를 보고 있었다. 할머니가 침대에서 주무시고 계시면 손자는 할머니에게 찾아와 침대에서 자고 있는 할머니를 물끄러미 한참을 쳐다보고 있었다. 그런데 손자의 얼굴 표정이 잘 보이지 않았다.

이 꿈을 꾸고 나면 할머니는 가슴이 조이는 느낌을 받으며 심한 죄책감에 시달린다. 현세는 젖꼭지가 있는 우유통에 전지분유를 타서 주면 그 우유를 빨아 먹는 것을 좋아했다. 할머니는 전지분유를 아낀다고 현세에게 묽게 우유를 타준 것에 대해 죄책감을 느끼고 있었다.

현세의 외할머니는 한국에 사셨는데 한 달간 중국을 방문하여 손자 가족과 시간을 보낼 때 현세에게 더 잘해주지 못해 죄책감을 느끼고 있었다. 현세가 외할머니에게 배꼽인사 하는 장면이 자꾸 떠오르는데, 그 장면이 떠오르면 할머니는 위장의 통증과 뒷머리를 찢는 듯한 통증을 느낀다.

현세의 친할아버지는 손자를 본인의 차에 직접 태워 유치원까지 등교를 시켰는데 하필이면 사고 나던 날 할아버지는 손자를 통학버스에 태웠다. 할아버지는 자신 때문에 현세가 사고를 당했다는 죄책감에 시달렸다.

진우는 사고 당일 아침에는 유독 유치원에 가지 않으려고 했다. 통학버스가 뜨거워서 버스를 타기 싫다고 했는데 아이를 억지로 버스에 태운 것이 부모의 잘못인 것 같아 가슴 아파했다.

마사키스(Matsakis, 1990)는 생존자 죄책감에 대해 다음과 같이 설명했다.

> 생존자 죄책감은 외상적 사건이 일어나는 동안 당신이 했던 행동이나 하지 않았던 행동 때문에 다른 사람들을 다치거나 죽게 하고, 혹은 학대당하게 만들었으며, 외상을 막을 수 있었는데 막지 못했다는 등의 신념으로 생긴다. 또한 당신이 다치거나 죽었어야 했는데 운명을 거슬러 살아남았다고 믿을 때 생기기도 한다.[*]

---

[*] M. B. Williams & S. Poijula, *The PTSD Workbook*, 오수성 외 9인 역, 『외상 후 스트레스 장애 워크북』(서울: 학지사, 2009), 177.

죄책감은 트라우마로부터의 회복을 방해하는 요소로 작동할 수 있다.

"우리 아이가 그렇게 힘들게 세상을 떠났는데 부모가 좀 편하자고 어떻게 심리상담을 받겠어요?"

내가 회복되고 좋아진다고 생각할수록 죄책감은 더욱 심해지는 것이다. 실제로 유가족 중에는 '아이를 생각해서라도 나는 좋아져서는 안된다. 이렇게 힘든 상태를 유지해야 한다'라고 생각을 하시는 분들이 많이 있었다.

우리 팀이 트라우마의 치료를 위해 유가족들을 찾아갔을 때도 그런 이유 때문에 심리상담을 거부하기도 하셨다. 어떤 엄마는 내가 고통에서 자유로워지면 아이가 잊혀질까 두려워 상담받기를 불편해 하기도 하셨다.

✔ 해리(dissociation)

사람은 충격적인 사건을 경험한 후 자신에게 그 일이 일어났음을 애써 무시해버리려는 경향이 있는데 외상성 기억상실이 그 대표적인 예이다.

나는 내 어머니의 장례식장에 있지만 많은 유족들이 오열하는 것을 이상하게 생각할 수 있다. 이것은 교통사고로 어머니가 돌아가셨다는 사실을 기억하지 못하기 때문이다. 어떤 이는 자신의 일생에서 일정 기간, 특히 어린 시절에 대한 일부 기억이 없는 경우가 있다. 그렇다면 그는 외상성 기억상실을 경험하고 있을 수 있다. 해리 증상이 일어난다는 것은 주변에 대한 인식이 어느 정도 분열된다는 의미이다.

해리 증상은 기억상실로도 나타나지만, 감각 및 감정의 상실로도 나타날 수 있다. 교통사고가 크게 나서 무릎에 멍이 들고 머리에 혹이 났는데도 알아차리지 못할 수 있다. 가까운 가족의 죽음 앞에서 무감각하고 무덤덤할 수도 있다. 해리는 감당할 수 없는 사건을 견뎌내는 방법 가운데 하나로서 외상에 대한 일종의 생존전략이다.

외상에 대한 당신의 해리 반응은 외상적 사건이 일어났을 때 적응하는 반응 중의 하나일 수 있다. 외상이 심할수록 사람들은 자신을 보호하기 위해 더욱 자연스럽게 해리를 일으킨다. 유가족 중에 수연이 엄마는 내 딸이 내 곁에 여전히 있는데 왜 슬퍼해야 하는지, 그리고 상담과 위로가 왜 필요한지에 대해 진심으로 의문을 가졌었다. 그녀는 사고 자체는 기억하지만 자기 딸이 그 사고 때문에 세상을 떠난 사실을 인지하지 않는 해리 증상이 일어난 것이다.

치명적인 트라우마를 경험한 내담자 중에는 실제로 아주 고통스러운 자신의 이야기를 아무런 감정 없이 표현하는 경우를 볼 수 있다. 뇌의 감정을 느끼는 기능이 모든 영역에서 불이 꺼진 상태가 된 것이다. 그러므로 생각을 하거나 깊이 있게 느끼고, 기억하고, 지금 일어나고 있는 일을 인지하는 것이 불가능하다. 이러한 해리 상태에서는 일반적인 대화 상담을 해봐야 사실상 아무 소용이 없다.

머릿속이 멍해지는 증상은 외상 후 스트레스 장애에서 나타나는 대표적인 증상이다. 정신적 외상을 경험하고 살아남아 심리상담을 받지 않는 사람들 중에는 처음에는 사건이 재현되는 상태를 경험하다가 나중에는 멍한 상태가 되는 경우가 많다. 시간이 지나면서 현실감을 잃어버리는 이 같은 변화는 당사자의 삶에 훨씬 더 큰 손상을 가져올 수 있기 때문에 더욱 치명적일 수 있다.

그러므로 해리가 일어났을 때 가장 먼저 할 일은 당신이 언제, 왜 해리를 일으키는지를 인식하는 것이다. 무엇이 해리를 유발하는지를 아는 것은 해리가 일어났을 때를 준비하거나 방지할 수 있다는 것을 의미한다. 언제 어디서 해리를 일으킬 것인지에 대한 결정은 전적으로 당신에게 달려 있기 때문이다.

✔ 신체화

외상 기억은 보통의 기억과 다르게 뇌의 언어 중추와 따로 떨어진 우반구에 조각조각 분리된 형태로 저장된다. 외상을 입고 있는 동안 그 기억의 조각들은 서로 합쳐지지 않는다. 외상이 정보의 통합 과정을 얼어붙게 하기 때문에 다른 보통 기억들처럼 정보가 도식(schema)으로 통합되지 않는다. 이러한 각각의 분리된 조각들은 시각적, 정서적, 촉각적, 후각적, 청각적, 신체감각적 정보를 담고 있다.[*]

트라우마의 기억은 사고 당시의 이미지로, 냄새로, 소리로 저장되어 사람마다 다른 방식으로 재현(flashback)될 수 있다. 특히 신체의 감각적 재현은 몸의 통증 또는 불편함으로 가장 쉽게 나타날 수 있다.

교통사고 당시 오른쪽 허벅지를 심하게 다쳤던 김군은 사고 후 상당한 시간이 흘렀음에도 불구하고 여전히 오른쪽 허벅지 통증을 호소하고 있다. 이는 외상의 기억이 일반 기억에 통합되지 못하고 신체증상으로 재현되고 있기 때문이다. 만약 김군의 외상적 기억

---

[*] Parnell, L, *EMDR*, 김준기 역, 『EMDR』(서울: 메가트랜드, 2008), 42-43.

이 처리되어 일반기억에 통합될 수 있다면 그의 허벅지 통증 역시 사라질 수 있는 것이다.

이처럼 외상 기억과 관련하여 몸에 나타나는 증상을 신체화 증상이라고 하는데, 이번 중국 웨이하이 재난에서도 내가 만났던 대부분의 유가족들은 다양한 신체화 증상들을 가지고 있었다. 가슴이 타는 듯한 느낌과 압박감, 위장의 통증과 뒷머리가 찢어지는 듯한 느낌, 한쪽 팔의 마비 증상 등 개인마다 호소의 내용은 다양하였다.

내담자의 신체화 증상은 외상적 기억의 표현방식이다. 이미지, 냄새, 소리, 감정, 생각 등의 다양한 방식 중에 신체화로 자신의 외상적 기억을 표현하는 것이다. 신체화 증상의 강도는 내담자가 신체감각으로 구체적으로 느낄 수 있는 것이기 때문에 심리상담의 효과의 정도를 검증해볼 수 있는 좋은 표적이 될 수 있다. 심리상담을 통해 외상적 기억이 처리됨에 따라 신체화 증상은 경감되거나 사라질 수 있기 때문이다.

3. 트라우마, 어떻게 상담할 것인가?

✔ 트라우마와 기억

내담자의 트라우마를 상담하기 위해서는 먼저 내담자의 기억을 다루어야 한다. 기억에는 나무의 나이테처럼 거친 삶의 흔적들이 파편처럼 박혀있다. 기억들은 완전히 재생이 가능한 비디오테이프처럼 저장되는 것이 아니다. 사건에 대한 많은 부분은 회상(recall)이 가능하지만 사건의 일부는 기억에서 제외되기도 한다. 마이켄바움(1994)은 외상을 기억해 내는 것과 관련해 몇 가지 중요한 시사점을 제안했다.[*]

- 기억하는 것은 기록된 과거경험의 복원이 아니라 재구성하는 과정이다. 일반적으로 사람들은 기억하는 것보다 더 많은 것을 잊어버린다.

---

[*] M. B. Williams & S. Poijula, *The PTSD Workbook*, 오수성 외 9인 역, 『외상 후 스트레스 장애 워크북』(서울: 학지사, 2009), 33.

- 기억은 시간이 지나면서 변화하고 왜곡될 수 있다.
- 기억을 재구성하는 것은 모든 것을 정확하고 세세하게 끄집어내는 것이 아니다.
- 때로는 부정확한 기억들을 강하게 받기도 한다.
- 외상적 사건에 대해 그것을 일어났던 일 그대로 정확하게 모든 것을 기억할 필요는 없다. 중요한 것은 충분한 정보들을 복구해서 그 기억을 처리하고, 그것에 수반되는 감정과 신체감각, 생각들을 당신의 과거와 연관시키는 것이다.

당신이 외상 사건을 기억한다는 것은 대부분 사건 전체를 기억하는 것이 아니라 특정 부분만을 기억하고 저장할 가능성이 크다. 그 저장 내용은 시각적인 것, 청각적인 것, 후각적인 것 또는 다른 감각적인 것일 수 있다. 중요한 것은 기억의 진실성 여부가 아니라 당신이 기억하고 있다는 그 자체이다.

✔ EMDR과 외상적 기억을 처리하기

당신에게는 기억을 처리한다는 표현이 낯설게 들릴 수도 있을 것이다. 창조주 하나님께서 사람에게 생명을 주실 때 적응적 정보 처리(AIP: Adapted Information Processing) 시스템을 함께 허락해 주셨다.

예를 들면 우리가 손가락을 칼에 베였을 때 그 상처에 연고를 바르고 밴드를 붙여두면 시간이 지나 아물게 된다. 우리의 몸이 자가 치유능력을 가지고 있기 때문이다. 마음의 상처도 마찬가지이다. 우리는 하루 일과를 보내면서 불쾌한 일들, 화나는 일들, 그리고 슬픈 일들을 경험한다. 하루 종일 힘들었는데 자고 일어나면 신기하게 기분이 나아지는 것을 경험한다. 이것은 AIP 시스템이 우리 마음 안에서 작동하고 있기 때문이다. 스스로 자신을 치유하고 있는 것을 보여준다.

수면 중에 꿈을 꾸는 단계를 REM(Rapid Eye Movement)수면 단계라고 하는데, 이 단계는 꿈을 꾸고 있는 동안에 당신의 눈동자가 빨리 움직이며 하루 중에 있었던 힘든 기억을 처리한다. 실제로 악몽은 이러한 덫에 빠진 정보를 처리하기 위한 마음의 시도일 수 있다. 힘든 기억을 떠올리면서 눈동자를 양쪽으로 굴리면 외상적 기억과 관련된 힘든 이미지, 감정, 몸의 감각, 부정적 생각들이 상당한 부분까지 처리될 수 있다. EMDR(Eye Movement Disensitization Reprocessing)이라는 심리치료 방법은 바로 이 원리에 기초하여 만들어진 트라우마 치료 방법이다. 그래서 EMDR 치료자들은 외상을 경험한 내담자들로 하여금 외상경험을 최대한 생생하게 떠올리게 한 다음 치료자의 손의 움직임을 따라 눈동자를 양쪽으로 움직이게 하여 외상과 관련한 기억을 처리하는 것이다.

우리는 살아가면서 다양한 어려움을 겪는다. 중요한 시험에 떨어지고, 다치기도 하며, 때로는 도둑을 맞기도 한다. 신기한 것은 그 일이 우리를 힘들게 하지만 궁극적으로는 그 일을 통해 교훈을 얻고 배우는 것이다. 아픈 만큼 성숙하고 성장하는 것이다.

그러나 우리가 경험하는 사건들이 다 우리를 성장시키는 것은 아니다. 기억을 떠올리면 교훈은 고사하고 그냥 아프기만 하고, 고통스럽고, 공포가 가득한 기억이 있을 수 있다. 이것은 그 기억이 기존의 AIP 시스템에 통합되지 못하고 이미지, 소리, 냄새, 신체 감각, 감정, 생각 등으로 얼어붙어 버렸기 때문이다.

얼어붙은 기억은 순간순간 재현되어 내담자를 고통스럽게 한다. 얼어붙은 기억은 스스로의 치료할 수 있는 능력 밖의 것이 되어 우리를 괴롭게 한다.

의사는 수술을 통해 우리의 내장 깊은 곳에 생긴 심각한 염증이나 문제를 해결하여 우리의 치료를 돕는다. 마찬가지로 EMDR 치료자는 우리 속에 통합되지 못한 채 겉돌고 있는 얼어붙은 기억 덩어리가 AIP 시스템에 통합되도록 돕는 것이다. 힘든 기억을 떠올리며 치료자의 손가락을 따라 눈동자를 인위적으로 움직이다 보면 내담자의 선명했던 외상 관련 이미지가 흐릿해지기도 하고, 외상 장면의 크기가 줄어들기도 하고, 통증이 감소하면서 내담자에게 새로운 통찰이 생길 수 있게도 되는 것이다.

현승이 엄마는 유튜브(Youtube)에서 터널을 통과하던 유치원 버스에 불이 붙은 동영상 장면을 보았다. 그 후 현승이 엄마가 눈만 감으면 불이 붙은 버스의 장면이 너무 선명하게 보이는 것이었다. 엄마에게는 이 장면이 견디기 힘든 최악의 장면임에도 불구하고 엄마의 의지와 상관없이 그 장면이 자꾸 떠올라 견디기 힘들었다. 나는 EMDR 치료를 위해 현승이 엄마에게 유치원 버스에 불이 붙은 장면을 떠올리도록 부탁하고 내 손가락을 따라 눈동자를 움직이게 하였다.

눈동자를 움직이는 횟수가 거듭되면서 신기한 일이 일어났다. 점점 차량에 붙은 불의 크기가 줄어들었고, 불의 색깔이 흑백으로 바뀌더니 나중에는 조그마한 불로 변했다가 그 불이 꺼져버렸다. 힘들었던 기억이 처리가 된 것이다.

　현세의 할머니는 현세가 할머니를 찾아와서 자고 있는 할머니를 우두커니 바라보는 꿈을 반복해서 꾸고 있었다. 할머니는 이 장면을 볼 때마다 죄책감에 시달렸다. 나는 할머니에게 꿈에 본 장면을 떠올리도록 요청한 다음에 양측성 자극을 주었다. 내가 몇 회의 양측성 자극을 주었을 때 할머니를 우두커니 바라보던 현세가 갑자기 뒤돌아서더니 잠시 후 서서히 사라져 갔다. 아이가 사라져 가는 것을 지켜보는 할머니는 기분은 다소 이상했지만 슬프거나 부정적인 느낌을 받지는 않았다.

　다시 현세가 할머니를 우두커니 지켜보는 장면을 떠올리게 하고 양측성 자극을 주었다. 할머니는 서 있는 현세를 불렀다. 그리고 할머니 곁에 누우라고 하고는 현세의 머리와 등을 어루만져 주고 계셨다. 할머니는 평소 현세가 좋아했던 소고기 국과 밥을 차려주었고 현세는 맛나게 식사를 하였고 할머니는 더 먹어 보라고 권했다. 그러면서 할머니의 마음이 평안해질 수 있었다. 죄책감의 상당 부분이 해결된 것이다.

　할머니는 집에 가봐야 하는데 현세가 있던 집에 가기가 힘들다고 하셨다. 집에는 아이가 가지고 놀던 장난감들이 가득 있어서 마음이 아파서이다. 집에 가야 한다는 생각만으로도 할머니는 가슴이 조이는 느낌을 받았다.

나는 할머니가 가슴에 조이는 느낌에 집중하도록 요청하고 양측성 자극을 주었다. 그리고 아이가 즐겁게 스케이트보드를 가지고 신나게 놀던 모습을 상상하도록 하고 다시 양측성 자극을 주자 할머니는 아이의 장난감이 할머니의 가슴을 아프게 하는 도구가 아니라 손자와의 추억을 떠올릴 수 있는 즐거운 도구가 될 수 있음을 통찰할 수 있게 되었다.

✔ 심상을 자원으로 활용하기

명상을 통해 좋은 이미지를 상상하기만 해도 기분이 상쾌하고 편안해질 수 있다. 우리는 외상적 기억을 떠올리면서 슬픔 또는 공포감에 압도될 수도 있지만 유쾌하고 행복했던 기억을 떠올리면서 행복감을 느낄 수도 있는 것이다. 우리의 뇌는 상반되는 두 개의 감정을 동시에 느낄 수 있는 능력이 없다. 평안함을 느끼면서 동시에 불안감을 느낄 수는 없는 것이다. 이 원리를 잘 활용하면 애도 단계에 있는 유가족들에게 긍정적인 경험을 할 수 있도록 도울 수 있다.

어느 날 갑자기 사랑하는 아이들을 잃어버린 부모님들은 말할 수 없는 상실감을 경험한다. 동시에 내가 아이에게 평소 잘해준 것보다는 못해주었던 기억을 떠올리면서 죄책감에 시달린다. 유가족들 중에 아빠들과 상담을 하면서 발견할 수 있었던 특이한 점은 '아빠들은 잘 울지 않더라'는 것이다. 물론 잘 웃지도 않았다. 내가 아이를 지켜주지 못했던 죄책감 때문에 아빠들은 사고수습을 잘 해야 한다는 책임감과 의무감으로 무장하고 있기 때문이다.

아빠들은 가족을 대신하여 아이들의 시신을 확인해야 했다. 화마에 불탄 아이의 시신을 확인해야 하는 그 마음은 오죽하랴!

아빠들은 얼마나 슬퍼고 놀랐을까?

자신의 아픈 마음에 충분히 애도해야 하는데 아빠들은 그러지를 못했다.

상담자는 어떻게 아빠들을 도울 수 있을까?

누구나 자녀와 함께 즐거워 했던 추억들은 있기 마련이다. 아빠들은 아이의 예쁜 모습을 담은 사진과 동영상을 스마트폰에 저장하고 있었다. 나는 아이의 사진 그리고 동영상을 함께 보았다. 그리고 아빠에게 각각의 사진들과 동영상에 대해 설명을 요청하였다. 아빠는 갑자기 너무나 해맑게 웃으면서 아이들의 사진을 소개하고 동영상을 설명하였다. 그리고 스마트폰에 찍힌 아이의 얼굴을 조심스레 쓰다듬었다. 마치 실제 아이가 스마트폰 안에 들어있는 것처럼 말이다.

나는 아빠에게 가장 소중한 추억이 담긴 동영상을 하나 선택하여 반복하여 보도록 했다. 그들은 지루한 줄 모르고 그 동영상을 눈물을 흘리면서 때로는 웃으면서 집중하여 보았다. 이제는 눈을 감은 채 소중한 동영상을 머릿속으로 상영해 보도록 하였다. 아빠들은 스마트폰 속에 저장된 동영상을 보듯이 눈을 감은 채로 기억을 통해 상영되는 영상을 보고 있었다. 재미있는 장면에서는 크게 웃었다. 아이를 추억할 수 있는 준비가 된 것이다.

사람은 누구나 사랑하는 이와 이별할 때는 애도의 단계가 필요하다. 충분한 애도를 할 수 있다면 트라우마의 상당한 부분이 치료되는 것이다. 그리고 애도의 핵심 요소 중의 하나가 바로 추억하는 것이다. 우리는 현재를 사는 것 같지만 현재는 경험되는 순간 과거의 추억이 되는 것이다.

유가족들은 다행스럽게도 각자의 스마트폰 안에 아이들과 관련된 무수한 추억의 사진과 동영상을 가지고 있었다. 그럼에도 추억하기보다는 현재의 상실의 고통과 죄책감에 압도되어 있었다. 상담을 하면서 아빠들은 언제든지 필요하면 사랑하는 아이의 사진과 동영상을 보면서 충분히 추억하고 소통할 수 있음을 알게 되었다.

죄책감에 시달리던 아빠들이 "나는 아빠로서 아이에게 최선을 다했어"라는 말을 받아들이기 시작했다. 사진 안에서 해맑게 웃고 있는 아이의 모습을 보며, 아빠를 향해 힘차게 뛰어 오는 아이의 모습이 담긴 동영상을 보며, "나는 아빠로서 최선을 다했어"라고 진실하게 믿기 시작했다.

✔ 트랜스(trance) 상태*에서 미결 과제를 해결하기

 심리치료사가 치료를 목적으로 최면치료(hypnotherapy)를 시도할 때 제일 먼저 해야 할 일은 내담자를 트랜스 상태에 들 수 있도록 환경을 조성하는 것이다. 최면의 성패는 얼마나 내담자를 트랜스 상태로 잘 유도하는가에 달려있다.

 우리는 스스로 트랜스 상태에 들 때가 있다. 만약 당신이 슬픔에 빠져서 눈물을 흘리고 있다면 당신은 충분히 트랜스 상태에 빠진 것이다. 며칠 전 사건을 떠올리면서 화를 내고 있다면 그 당신은 과거의 그 사건에 몰입하고 있는 것이다. 이 트랜스의 원리를 잘 활용하면 유가족의 슬프고 안타까운 마음을 효과적으로 위로해줄 수 있다.

 나와 상담했던 유가족들은 이미 슬픔의 상태에 몰입되어 있었다. 그래서 내가 내담자에게 트랜스 상태를 유도할 필요가 없었다. 상담자로서 내담자에게 암시를 줄 때 그 암시를 잘 받아들일 수 있도록 친밀관계(rapport)를 형성하기만 하면 되는 것이다.

---

* 트랜스 상태란 주위의 환경에 영향을 받지 않고 치료자가 암시(suggestion)하는 대로 몰입하고 있는 상태를 말한다. 트랜스 상태에서는 시간과 오감을 포함한 다양한 영역에서 왜곡이 일어날 수 있다.

현승이 엄마는 여느 엄마들처럼 상담 중에 많이 울고 슬퍼하셨다. 나는 아이가 다시 돌아온다면 무엇을 해주고 싶냐고 물었다. 엄마는 아이가 생전에 대패삼겹살을 좋아했는데 대패삼겹살을 먹이고 싶다고 했다.

 나는 엄마의 오른손 손바닥 위에 현승이가 올라와 있을 것이라고 암시를 드렸다. 엄마는 그 암시를 즉시 받아들였고, 아이는 벌써 엄마의 손바닥 위에 올라와서 엄마가 구워주시는 대패삼겹살을 맛있게 먹고 있었다. 엄마는 아이가 삼겹살을 먹고 있는 모습을 보고 흐뭇해 하셨다. 아이를 어루만지고 함께 대화를 했다. 엄마는 그녀의 손바닥 위에서 삼겹살을 먹고 있는 아이를 충분히 보고 신체감각으로 느끼며 경험하고 있었다. 아이는 배불리 대패삼겹살을 먹고 만족스럽게 엄마에게 비스듬히 기대어 있다고 말씀하셨다.

 나는 현승이 엄마에게 아이를 떠나보낼 준비가 되셨냐고 묻자 그렇지 않다고 하셨다. 아이에게 많이 해주지 못해 아직 보낼 수 없다는 것이었다. 나는 엄마 오른손에 있는 아이를 엄마 심장에 조심스레 가져갈 수 있도록 도왔다.

 나는 아이가 24시간 뛰고 있는 엄마의 심장 곁에서 엄마의 따뜻한 심장 소리를 들으며 편안하게 있다가 때다 되면 하늘나라로 아이를 보내주자고 권했고, 엄마는 나의 말을 받아들여 그대로 아이를 자신의 심장 곁에 두었다. 그리고 비로소 엄마는 심장 곁에 있는 아이를 바라보며 안도감을 느꼈다.

다음날 상담 때 엄마는 자신의 심장 곁에 있는 현승이를 불러내어 이번에는 현승이가 좋아하는 초콜렛을 실컷 먹도록 하셨다. 엄마는 현승이의 입 주변에 초콜렛이 묻었다면서 웃으셨다. 엄마는 아이를 한 번이라도 만져봤으면 좋겠다고 하셨다. 엄마에게 눈을 감게 하고 베개를 드리면서 그 아이의 피부의 감촉을 느끼도록 암시를 드렸다.

엄마는 너무 반갑고 간절한 모습으로 아이의 온몸을 만지셨다. 사랑하는 내 아이의 감촉을, 그리고 그 냄새를 다시는 못 느낄 줄 알기에, 그 엄마는 베개를 만지고 또 만지고 냄새를 음미하였다. 눈물은 흘러내렸지만 더 이상 아쉬움과 한의 눈물이 아니었다. 반가움과 기쁨의 눈물이었다.

✔ 미래 템플릿(future template)

EMDR 치료에서는 과거의 외상 기억을 처리한 후에는 유사한 미래의 상황에서 얼마나 잘 해내는지를 평가해보게 되는데 이것을 미래 템플릿이라 한다. 이것은 실제로 내담자가 미래의 유사한 유발상황에서 제대로 기능하는지에 대한 평가뿐만 아니라 미래 유발 상황에서 적절하게 대처할 수 있도록, 능력향상과 최고의 수행을 위해 구체적인 연습을 해보는 것이기도 하다.

유가족 중에 신실한 크리스천 부부가 있었다. 그들은 하나님께서 부부에게 사랑하는 아들 진우의 죽음을 예고하셨다고 믿고 있었다. 사고 나기 얼마 전 진우가 옆에 있는 엄마에게 물었다.

"우리 집에 있는 저 사람이 누구야?"

"누구를 말하니?"

"날개 달린 저 사람 말이야."

며칠 후 아빠가 아이에게 다시 물었다.

"너 요즘도 그 사람 보이니?"

"저기 있잖아."

부부는 사고 직후에 아이와 나눈 대화를 떠올렸다.

진우 엄마는 유가족 중에서 가장 먼저 심리상담을 받겠다고 신청을 하셨다. 그리고 주변의 유가족들도 함께 상담을 받자고 독려하기도 하셨다. 진우 엄마는 사고 이후부터는 운전하여 터널을 지나다니는 것을 힘들어 하셨고, 신체화 증상 때문에 왼쪽 팔을 잘 움직이지 못하셨다.

이분은 EMDR 치료를 통해 외상 기억을 처리하면서, 자신이 사고 때문에 터널을 무서워하는 줄 알고 있었는데, 자신은 원래 터널을 통과하는 것을 불편해 하는 사람이었음을 통찰하게 되었다고 말하였다. 미래 템플릿으로 비가 오는 날 터널을 직접 운전하여 지나가는 연습을 상상을 통해 성공적으로 해보기도 하였다. 최면치료를 통해 잘 움직일 수 없었던 왼손도 움직일 수 있게 되었다.

무엇보다 중요한 변화는 "나는 이 일을 통해 배운 것이 있습니다"라고 하면서, 이제는 자기가 오히려 친정 어머니를 위로하면서 치유될 수 있겠다고 말했다는 점이다. 그리고 남편도 많이 힘들 텐데 남편이 자신을 돌보지 않는다고 남편을 걱정할 정도로 현실감각도 생겼다. 이 일을 통해 배우게 되었다는 통찰은 "우리 가족의 삶이 진우의 죽음으로 인해 과거로 끝난 것이 아니라 진우의 죽음을 통해 우리 가족이 미래를 향해 이 세상에서 보다 의미 있게 해야 할 일들을 찾게 되었다"는 고백과 연결되었다.

진우 엄마의 요청으로 진우 아빠와도 상담하게 되었다. 진우 아빠는 열심히 살아온 분이었다. 가정 형편 때문에 고등학교 3학년 때부터 돈을 벌어야 했다. 중국에 와서는 만학도로 대학공부를 마치기도 하였다. 어린 시절 부모님의 이혼을 겪으면서 가정의 소중함도 일찍 깨달았기 때문에 더욱 가족에게 최선을 다하는 삶을 살았다.

진우 아빠는 상담 중에 비로소 울기 시작했다. 사고 난 차량을 미리 확인하여 문제를 예방했어야 했다는 죄책감과 이 사건을 잘 처리해야 한다는 부담감 때문에 자신의 슬픈 감정에 애도조차 할 수 없었던 아빠가 상담시간만이라도 책임감과 죄책감을 내려놓고 충분히 울면서 애도의 시간을 가질 수 있었다.

그리고 다음날 다시 진우 아빠를 만났다. 한층 밝아졌다. 미래의 가족은 어떤 모습인지 상상을 통해 가보도록 했다. 진우 아빠는 말했다.

"미래에 진우는 더 이상 우리 곁에 없습니다. 그렇지만 우리는 진우 동생과 함께 행복하게 살고 있습니다."

우리를 향한 하나님의 뜻이 있기에 미래에 우리는 진우를 먼저 데려가신 그분의 뜻을 찾으며 열심히 살고 있다고 말하였다. 물론 상상을 통해 미래로 가본 것이었지만 부부가 빠른 시간 내에 회복될 수 있다는 것에 대해 놀랍기도 하고 한편으로는 걱정스럽기도 하였다. 그러나 저마다 외상의 사건 앞에 반응하는 삶의 탄력성은 다를 수 있기에 걱정보다는 오히려 미래의 희망이 있다는 것에 안도감을 느끼던 순간이었다.

이 부부가 아픈 과거를 털어내고 가족의 미래를 꿈꿀 수 있었던 것은 그들이 가지고 있는 긍정적 자원이 풍부했기 때문이라고 본다. 그들은 함께 공유할 수 있는 신앙이 있어서 신앙의 힘으로 역경을 극복할 수 있었다. 그리고 그들 곁에는 지속적으로 함께 기도하는 동역자들이 있었다.

부부는 아빠 엄마로서 아들 진우를 위해 최선을 다했다는 생각을 갖고 있었기에 진우와 함께 했던 추억들이 아픔이 되기보다는 부부의 긍정적 자원이 될 수 있었다. 그래서 부부는 죄책감에서 자유로울 수 있었고, 오히려 힘들어 하고 있는 유가족들을 도울 수 있는 힘을 낼 수 있었다.

✔ 애도하기

'애도'의 한자는 슬플 애(哀)와 슬퍼할 도(悼)로, 문자 그대로 풀이하면 '슬픔을 슬퍼한다'는 의미이다. 슬픔에 당면했을 때 그 마음을 알아차리고 충분히 표현하고 비워냄으로써 비워낸 자리에 새로운 삶의 에너지가 차오르게 할 수 있다는 의미이다.

애도(Mourning)의 사전적 의미는 '사랑하는 대상을 상실 했을 때 느끼는 슬픔의 반응'이다. 애도의 지배적인 감정은 다양하게 나타나는데 충격과 분노, 그리움, 고통스러움, 무감각 등의 상태로 나타난다. 이러한 감정은 현실 세계에 대한 관심과 흥미의 상실을 가져오며, 상실한 대상에 관한 기억에만 몰두하게 되고, 새로운 대상에게 투자할 수 있는 정서인 능력이 급격히 줄어들게 된다. 이러한 애도 상태에서 충분하게 자신의 슬픔의 감정을 표하고 감정의 단계를 거쳐 마음의 평정을 이루고 건강한 자아의 삶으로 회복되어 가는 것을 애도 과정이라고 한다.

정신분석에서는 삶에서 생기는 많은 문제들의 근본 원인을 제대로 해결하지 못한 과거의 미해결의 상처에서 찾는다. 그래서 상처 입은 곳으로 돌아가 억압되고 봉인되었던 상처에 대해 충분히 슬퍼하거나 울 수 있도록 도와주는 작업을 애도 과정의 시작으로 본다.

'건강한 애도'란 이처럼 슬픈 감정을 슬픈 감정대로 자연스럽고 충분하게 표출하는 작업이다. 그래야 슬픔이 비워진 자리에 새로운 삶의 에너지를 채울 수 있는 계기가 생기는 것이다.

'공동체 애도'란 타인의 고통을 인정하는 것을 전제로 한다. 즉 상대방도 무엇을 잃었고 나만큼 슬프다는 사실을 공감하고 존중하며 함께 고민할 줄 아는 태도를 말한다.

애착이론 연구가인 보울비(John Bowlby)는 애착 대상과 분리되는 과정으로 애도를 연구하였다. 그는 인간은 누구나 애착했던 대상의 죽음을 경험하면 유형화된 반응을 연출하게 된다고 이해하고, 애도의 과정을 4단계로 제시한다.

- ◆ 1단계 '무감각의 단계'로 사별의 충격으로 정신이 진공상태가 되어 사랑하는 사가 죽었다는 사실을 감정으로 수용하지 못하고 이성으로 인정하지 않는 단계이다. 1단계의 분노는 갑작스런 충격으로 인한 받아들일 수 없는 현실에 대한 무기력에서 생겨난다.
- ◆ 2단계 '그리움과 분노의 단계'로 이들은 복받치는 슬픔으로 흐느껴 울거나 불면증에 시달리고 작은 소리에도 고인이 돌아오는 것처럼 착각하게 된다. 상실한 사람에 대해 그리워하고 찾고 분노하는 단계이다. 적의나 분노가 죽은 당사자나 주변사람에게 향하기도 하고 이 비난의 화살이 자신에게 당겨져 죄책감에 빠지기도 한다.

- 3단계 '혼란과 절망의 단계'로 삶의 목표를 상실하고 공허감에 빠져 삶의 이유에 대해 회의적이 되거나 모든 일에 무심하게 되기도 한다.
- 4단계 '재조정의 단계'로 자아가 이전보다 더 건강한 자아로 회복되어서 사회에 재편입할 수 있게 되고 또 다른 애착관계를 만들며 살아갈 수 있는 힘을 공급받게 된다.

애도는 삶의 새로운 질서를 부여받고 새로운 자기세계에 대한 체험이 될 수 있는 과정이다.*

---

* 조은정, "죽음을 주제로 한 그림책의 애도 과정분석과 치유성 연구," 경기대학교 국제문화대학원석사학위논문(2016), 10-14.

chapter 4

서로 짐을 지라 - 선교사 이야기

이 책의 중심 사건과 다른 소재이지만 트라우마를 겪는 선교사들을 직접 찾아가 그들의 트라우마를 치료한 몇 가지 사례를 소개하고자 한다.

1. 민호 씨 이야기

　민호 씨는 30대 K국 선교사로 임신한 배우자와 2명의 자녀와 함께 개인전도와 제자양육, 팀사역을 통한 교회개척 사역을 하는 중이다. 파송 전 대도시의 큰 교회에서 전도사로 있을 때는 본인 스스로 사역에 만족도가 높았고, 교인들에게도 인정받는 사역자였다고 한다.

　그러나 선교 사역을 하면서 선교사로서의 삶을 잘 선택했는가에 대한 고민을 갖게 되었고, 선교 실적이 부족한 것에 심한 무능감을 느끼고 있다고 하였다. 그는 내성적인 성향이라 사람들에게 말을 거는 것이 편하지 않은데 타문화권에서 전도도 하고 친구도 만들어야 하는 상황이 부담이 되었다. 그러다 보니 매일 전도를 하고 보고를 해야 하는 일이 힘들게 느껴지면서 자주 우울감에 빠지게 되었고, 한번 우울감에 빠지면 3~7일씩 이불을 뒤집어쓰고 자리에서 일어날 수가 없을 정도라고 하였다. 게다가 팀 내에서 긍정적인 관계를 맺는 것에도 어려움이 있었고 팀장님께 자주 야단을 맞아 심리적으로 많이 위축된 상황이었다.

민호 씨는 장남으로서 본국의 가족을 경제적으로 지원해야 하는 부담도 가지고 있었다. 그에게는 3명의 누나가 있는데 모두 미혼으로 막내누나는 출근하는 일을 가지고 있지만 다른 두 누나는 프리랜서로 일하고 있다고 했다.

민호 씨 가족은 교사인 어머니에게 의존적이었는데, 어머니가 돌아가신 후에 가족들은 우울감에 빠졌었다고 했다. 사역 현장에 나가 있는 민호 씨는 가족들의 지원이 절실히 필요한 상황인데 오히려 본인이 가족을 경제적으로, 심리적으로 부양해야 하는 부담을 가지고 있어 힘들다고 했다.

민호 씨는 또 아내가 몸이 약해서, 자신이 아이들까지 돌보며 사역을 해야 했다. 그래서 선교 사역과 가족 그리고 본국에 있는 가족까지 신경을 써야 하는 상황에 대하여 부담감 및 불안감을 가지고 있는 상태였다.

잠시 만난 동료에게 사역 중 자신의 모습에 실망하였으며 선교사로서의 정체성을 잃었다는 고민을 털어놓았는데 그 동료가 상담을 받아 보기를 권하여서 상담을 신청하게 되었다고 하였다.

나는 민호 씨의 정보 수집을 위해 먼저 우울검사, 불안검사, 자아존중감 검사, '빗속의 사람 그리기' 검사를 실시하였다. 이후 민호 씨의 과거력을 듣고, 상담 목표를 설정하였다.

상담 목표는 '선교 사역을 계속할 것인지 그만둘 것인지 여부를 결정한다'로 정하였으며, 상담은 매일 1시간 30분에서 2시간씩 4회기 진행하기로 하였다.

민호 씨의 심리검사 결과는 우울검사에서 21점, 불안검사에서 21점, 자아존중감 검사에서는 58점을 나타내었다.

내담자는 우울 점수와 관련하여 슬픔과 실패감을 많이 느끼고 있었다. 자기혐오, 자기비판을 하는 모습도 보였으며 미래에 희망이 없다는 비관적인 생각도 하고 있었다. 자신을 우유부단하며 무가치하게 느끼고 있었으며 집중력도 떨어지고 피로감도 많이 느끼며 짜증도 늘었다고 하였다.

불안감으로 인해 가끔 쓰러질 것 같으며, 손이 떨리고 자제력을 잃을 것 같은 두려움, 소화불량을 느낀다고 했다. 추가로 시행했던 MBTI* 검사에서 내담자는 ISTJ**(introversion, sensing, thinking, judgment) 유형으로 나타났고, 특별히 내향성이 높게 나타났다. 투사검사인 '빗속의 사람 그리기'에서는 내담자가 엄청난 스트레스에 무방비 상태로 놓여 있음을 확인할 수 있었다.

EMDR 치료의 원리를 알려주기 위해 안구운동 및 양측성 자극으로 인한 뇌의 작용을 설명하고, 효과적인 상담을 위해 내담자가 해야 할 일들을 설명하였다. 양측성 자극의 방법으로는 무릎 위 손등을 자극하는 방식으로 진행하기로 결정하였으며, 과거기억의 재경험으로 인해 고통스러울 때를 대비하기 위해 안전지대를 설정하였다. 민호 씨는 힘들 때 이불을 뒤집어쓰고 있으면 가장 편하고 안정감이 있다고 하여 "이불"을 안전지대로 하였다.

상담목표와 관련지어 목표 기억을 찾기 위해 내담자의 과거력을 탐색한 결과, 상담자는 내담자가 고3 수능을 한 달 앞두고 있던 시기에 어머니의 백혈병이 발병했다는 사실을 발견할 수 있었다. 민호 씨는 한의학과를 가려고 했으나, 어머니의 권유로 신학과로 진학하면서 본인의 순종으로 어머니의 완쾌를 기대하며 하나님께 기

---

* MBTI(Myers-Briggs Type Indicator: 심리유형검사)는 융의 '심리학적 유형' 이론에 근거한 것으로, 현재 매우 널리 쓰이고 있는 성격 유형 검사의 하나이다.
** ISTJ(introversion, sensing, thinking, judgment): MBTI검사로 나오는 16가지 성격 유형 중의 하나이다.

도했다고 하였다.

첫 번째 목표 기억을 병원의 침상에서 백혈병으로 누워있던 엄마가 이상 반응을 보이는 것을 보고 충격받았던 장면으로 정하였다. 이 기억에 대하여 내담자는 병원의 소독약 냄새와 욕하며 고함치는 엄마의 모습과, 이를 지켜보는 두 명의 누나와 자신의 모습을 떠올렸다.

이에 따른 내담자의 부정 인지는 "나는 하나님으로부터 버림받았다"라고 보고하였다. 이를 대체할 긍정 인지로는 "나는 하나님께 사랑받고 있다"로 설정하였다. 내담자는 목표 기억 및 부정 인지와 관련된 감정으로 실망감을 느꼈다고 보고하였고, 신체감각으로는 머리가 아프다고 하였다.

목표 기억을 떠올리게 하고 양측성 자극을 16세트 실시하였다. 진행하는 동안 민호 씨는 머리가 심하게 아프다고 호소하며 괴로워하는 반응을 보였다. 양측성 자극을 계속하자 내담자는 한강에 뛰어들고 싶어 했던 고통스러운 기억들을 추가로 떠올렸으며, 어머니가 잠시 퇴원해서 집에 오셨을 때 보았던 초췌한 엄마의 모습 등 고통스런 장면들을 계속 떠올렸다. 한꺼번에 여러 개의 고통스러운 장면이 떠올라서인지 종결할 시점이 되어도 주관적 불편 점수가 6점에서 더 이상 내려가지 않고 맴돌기를 하였다.

나는 민호 씨의 고통스러운 기억을 무쇠상자에 넣는 심상작업을 한 후 회기를 마무리하면서 엄마가 어떤 분이었는지에 대해 몇 개의 간단한 문장으로 '나의 엄마는 ~ 하다'라고 적어 오도록 하였다.

회기를 시작하기 전에 과제를 점검하였다. 민호 씨는 "나의 엄마는 ~ 하다"란 제목으로 32개의 문장으로 적은 용지를 들고 왔다.

민호 씨는 본인이 주의 종이 되면 엄마를 살려줄 것이라는 믿음을 가지고 있었는데 엄마가 신체적·정신적으로 건강하지 않는 모습을 볼 때 이것은 내가 하나님께 버림받지 않고서는 있을 수 없는 일이라는 생각이 들어 괴롭다고 했다.

그런 감정에 집중하게 하고 양측성 자극을 계속해 주었는데 10세트가 진행된 후에 '엄마의 침대 근처에 앉아있던 자신이 자리를 털고 일어나서 어디론가 가버리는 장면'이 떠오르면서 머리가 아픈 통증이 사라졌다고 보고하였다. "나는 하나님께 사랑받고 있다"라는 긍정 인지를 주입하면서, 내담자에게 긍정 인지가 진실로 믿어지는지 여부를 묻는 작업을 6세트를 진행하였다.

이후 "하나님이 나를 사랑하신다는 사실이 내 가슴에 느껴지지 않았었는데 이제는 느껴지고 믿어짐이 머리에 감각으로 남는다"는 보고를 하였다. 나는 민호 씨의 바디스캔(body scan)*을 진행하였다. 바디스캔 후 내담자는 "머리에 좋은 느낌이 남았다"고 보고하였고, 첫 번째 목표 기억 처리를 마무리하였다.

두 번째 처리할 기억은 선배로부터 "너는 성격상 선교사를 잘 못할 것이다"고 했던 말이었다. 내담자는 이 말을 듣고, 진짜 자신이 선교사를 잘 못하고 있다는 생각을 하게 되었다고 하였다. 민호 씨는 지난 상담 이후로 기분과 몸이 가벼워졌으며, 자신의 변화가 신기하고 새로운 기대감도 느껴진다고 하였다.

나는 곧바로 두 번째 목표 기억과 관련하여 EMDR을 실시하였다. 이번에는 민호 씨가 자신에 대한 부정 인지를 "나는 무능한 선교사이다"라고 하였다. 부정 인지를 대체할 긍정 인지로는 "나는 충분히 유능한 선교사이다"로 하였다.

불편한 신체 감각으로는 가슴이 답답하고 무기력한 느낌이라고 했다. 주관적 불편감이 10점이라고 했다. 양측성 자극을 11세트 진행하자 내담자는 집회 가운데 은혜를 받는 장면이 보이면서 두 번째 목표 기억은 장면의 이미지가 흐려졌다고 하였다. 고통지수도 0

---

* 상담자에게 남아 있는 신체의 불편함 등을 체크하는 일이다. 최악의 기억을 떠올렸을 때 신체감각이 불편함이 낮아져야 한다.

점이라고 하였다.

  나는 긍정 인지인 "나는 하나님이 부르신 선교사이다"를 믿을 수 있도록 4세트를 진행하였다. 이후 내담자는 인지타당도 점수 7점을 보고하였다. 또한 선교지에서 내담자가 동료들로부터 부정적인 피드백 받는 장면을 선정해 미래 템플릿을 양측성 자극으로 진행하였다.

  상담을 종결하면서 우울검사와 불안검사를 사후 검사로 실시하였는데, 놀랍게도 우울점수 1점, 불안점수 0점을 기록하였다. 내담자는 "장면이 작아지더니 자리에서 일어나 밖으로 나가는 것이 신기하고 그러면서 신체반응이 없어지는 것이 신기하다"와 "어디선가 모르게 자신감이 생기고 선교지에 들어가면 상황이 주어지는 대로 잘할 수 있을 것 같아요"라는 통찰 보고를 하였으며 상담은 성공적으로 마무리되었다.

  아래의 내용은 선교사가 SNS으로 보내온 내용이다.

> 선생님을 뵙고 많은 도움 받았어요. 특히 자신감이 많이 회복된 것 같고 '하나님이 저와 함께 하신다'는 생각이 있어서 손모음도 잘하게 되는 것 같아요. 제가 선교사인 것이 정말 감사하고 행복하더라구요. 사람들 앞에서 리더십 있게 사역하던 모습이 많

이 회복된 것 같아요. 열정도 많이 생기고 다른 선생님과의 관계에서도 스트레스 받지 않고 제가 해야 할 말을 잘하게 되었어요. 너무 감사드려요,

신생님. 피곤하긴 한데 아주 기쁩니다. 진심으로요.

8개월 후 나는 K국 현장을 방문하여 내담자의 변화의 지속정도를 확인하였다. 민호 씨는 지역의 팀원들과 함께 있는 자리에서 다음과 같이 보고하였다.

지난 6월 모든 자존감이 무너지고 선교사를 계속해야 할지 고민스러웠던 시간이 있었는데 저도 모르던, 기억 속에만 묻어놨던 기억을 선생님의 상담과 도움과 격려로 회복하게 되어 감사했습니다. 현장에 다시 나와서 사역할 수 없을 것같이 자신감이 떨어졌었는데 회복하는 시간이 되어 정말 감사드립니다. 시간이 지나서 오늘 지금 많은 부분이 회복되었고 선생님께서 말씀하신 것처럼 하나님이 회복의 길로 인도하고 계시는 것 같아 또한 감사드립니다.

팀 모임에서 찬양을 하라고 하는데 자기는 안 하면서 찬양하라고 한다는 생각이 들어서 싫어했었어요. 그런데 이번 선교

사 컨퍼런스에서 예배 찬양을 담당하게 되었어요. 예배 가운데 하나님의 임재를 경험하면서 팀장님께서 저를 지칭하며 끝나는 날까지 찬양을 인도하라고 하셨어요. 너무 좋았고 모두가 함께 은혜의 장으로 들어가는 시간이었어요. 민족을 움직이는 사역자가 되고 싶다는 마음이 들었어요.

2. 선영 씨 이야기

긴 여행 끝에 준비한 임시 상담실에 반듯한 용모의 부부가 들어 왔다. 이들은 지역담당 디렉터나 다른 팀원들로부터 칭찬받는 부부다. 그런데 아내인 선영 씨가 자신의 자존감의 문제로 상담을 의뢰해 왔다. 이국땅에서 어린 자녀들을 양육하며 '내가 제대로 엄마 역할을 하고 있는 것인가?' 하는 의문이 들고 그때마다 무력감과 우울감이 밀려온다고 하였다.

선영 씨는 자신이 화를 잘 내는 엄마라고 하며 괴로워했다. 그녀는 "내가 왜 화를 내는지 모르겠어요. 화의 근원을 알 수 있을까요?"라고 물었다. 그래서 우리는 상담 목표를 "화의 근원을 안다"로 정하였다. 연상 기법으로 꼬리에 꼬리를 물고 찾은 장면은 엄마가 아빠에게 맞는 장면이다. 자신은 아빠와 좋은 관계만 기억하고 있고 아빠가 엄마에게 폭력을 휘둘렀다는 기억은 까맣게 잊고 살았다는 사실을 알게 된 것이다.

선영 씨는 그 기억을 하고는 너무 놀랐다고 했다. 왜냐하면 남편도 역시 폭력적인 아버지 밑에서 힘들게 자란 가정사를 가지고 있었기 때문이다. 폭력에 견디지 못하고 아들을 두고 나간 엄마 때문에 남편은 거절감을 가지고 청소년기를 보냈다고 했다.

엄마가 당하는 폭력을 목격하며 불화의 가정에서 자란 아내와 아버지의 분노를 보며 자란 남편 이 부부의 남성상 여성상은 문장완성 검사에서 고스란히 그 왜곡의 정도를 드러냈다.

나는 고심 끝에 첫 회기를 마치고 두 번째 회기가 시작되기 전 선영 씨의 남편을 만났다. 그리고 다음과 같이 말해 주었다.

> 선교사님은 하나님께서 직접 치유하신 경험을 하고 자유함이 있다고 하셨는데 저도 인정하고 받아들입니다. 그럼에도 불구하고 선생님 부부의 문장완성 결과를 보면 남성상과 여성상이 매우 왜곡되어 있는 것을 볼 수 있어요. 아마도 두 분의 대화가 동문서답인 경우가 많았을 거 같네요.

서로가 같은 단어에 다른 의미로 이해하고 받아들이며 속상해 하고 화내며 짜증 내니, 서로를 오해하고 마음을 닫게 되며 더 이상의 대화가 진행되지 못했던 것 같아요.

그는 매우 공감하며 방금 전에도 한바탕 싸웠다고 했다. 상담을 마치고 온 아내에게 "뭐래? 내가 뭐가 문제래?"라고 물었는데 아내는 대꾸도 않고 청소기만 돌렸다고 했다. 딸이 안아달라고 해도 못 듣고 청소기만 돌리는 아내에게 화가 나서 소리를 질렀다고 했다. 대화를 할수록 뭔가 꼬이니 현실적인 이야기만 하며 지내는 부부라고 했다. "우리 부부는 그저 같이 사는 사람이에요"라고 선영 씨도 이미 비슷한 속상함을 털어놓았던 기억이 난다.

나는 선영 씨 남편에게 우선은 선영 씨를 상담하는 동안 아무 말 없이 지켜봐 주시고 응원과 격려와 지지를 부탁했다.

두 번째 회기에서 선영 씨는 갑자기 상담을 더 이상 하지 않아도 될 것 같다고 했다. 이유는 남편이 그동안 오해해서 미안하다며 사과하고 자신을 이해하고 수용해 주는 태도를 보여줘서 상담을 안 받아도 마음이 편해졌다는 것이었다.

그럼에도 선영 씨와 처음 호소 문제를 해결하기 위해 상담을 하기로 하였다. 이미 찾아 놓은 목표 기억을 가지고 양측성 자극을 주었다. 선영 씨의 연상채널이 열리며 '엄마가 부엌에서 아빠에게 두들겨 맞는 장면', '아빠가 엄마를 죽여 버리겠다며 고함치는 장면'이 떠올랐고, 또 자신이 부엌과 연결된 방에 쭈그리고 꼼짝도 못하고 앉아있는 장면이 떠올랐는데 자신은 거기에 있는데 없는 것처럼 느껴졌으며 '나는 이 세상에 없었으면 좋겠다'는 생각이 들었다고 했다. 또한 아버지의 반복되는 폭력에 고통스러워하던 엄마가 집을 나갔다가 자기 때문에 들어오셨는데 나는 엄마에게 짐이구나라는 생각이 들었다고 했다.

선영 씨는 아빠에게 맞고 있는 엄마를 지켜주지 못하여 미안한 마음에 명치끝이 쓰리다고 했다. 선영 씨의 삶에 지속적으로 영향을 주는 부정 인지인 "나는 쓸모없는 사람이다"였다. 상담 이후 바꾸고 싶은 긍정 인지로는 "나는 좋은 딸이며 지금 이대로 괜찮은 사람이다"로 정하였다. 나는 엄마에게 짐이구나라는 생각과 함께 명치끝이 쓰림으로 오는 고통의 지수는 최고점인 10점이라고 하였다.

5세트의 EMDR이 진행되어 속쓰림의 고통 지수가 4점까지 내려갔는데 선영 씨가 갑자기 울기 시작했다.

"안 돼요! 나는 엄마에게 미안함을 가지고 살아야 해요! 고통이 줄어드는 건 이상해요! 나는 미안한 마음을 가득 가지고 살아야 해요!"

선영 씨는 여전히 엄마에게 미안해하고 있었다.

EMDR을 30분 정도 계속 진행하였다. 선영 씨는 엄마 아빠가 장면에서 사라지고 화단의 풀이 흑백으로 변했다고 했다. 명치끝의 통증도 사라지고 감정적으로는 미안함도 느껴지지 않는다고 하면서 얼굴의 표정이 밝아졌다. 편안해 보였다. '부엌에서 일하고 있는 엄마를 안아주고 있는 장면'과 '엄마와 언니가 나와 함께 웃고 있는 장면' 등의 긍정적인 기억들이 떠오르면서 '나는 지금 이대로 괜찮은 사람이다'라는 생각을 스스로 받아들이게 되었다.

선영 씨는 자신이 아버지에 대해 좋은 감정을 갖게 된 이유를 통찰하게 되었다고 했다. 스무 살이었던 어느 날 선영 씨가 경찰서에 있었는데 아빠가 와서 "걱정마. 내가 그놈 잡아 줄게"라고 말했는데 그때 이후로 아빠가 멋진 아빠로 보였다고 했다. 엄마가 힘든 것은 알지만 나에게 좋은 아빠였다고 고백하며 수줍고 민망한 미소를 보였다.

선영 씨는 하나의 사건을 더 다루고 싶다며 혼자 상담실에 왔다. 목표 기억을 "아버지는 부검을 해서 가족들이 못 본 상태로 시신이 수습되고 수의 입으신 상태이며, 입관 전 영안실에 누워 계신다. 나는 아버지의 오른손 옆에 서 있다"로 정하고 싶다고 말하였으며, 그 장면과 관련하여 다음과 같이 설명하였다.

아버지가 아침에 농장에 가셨다가 쓰러지셨고, 119 구급차를 불렸으며 내담자는 쓰러진 아버지 옆에서 제발 살려달라고 하나님께 기도하였다. 그러나 내담자의 기도에도 불구하고 아버지는 사망하셨고 집 밖에서 사망하셨기 때문에 부검까지 하게 되었다고 하였다. 해당 목표 기억과 관련하여 내담자는 부정 인지로 "나는 하나님께 거절당한 사람이다"라고 보고하였으며, 이에 대한 신체적 반응으로 '거절감에 목이 답답함'을 호소하였다. 또한 이를 대체할 긍정 인지로는 "나는 하나님의 사랑받을 가치가 있는 사람이다"로 정하였다.

10세트의 양측성 자극이 진행되는 동안 내담자는 아버지의 장례과정이 동영상처럼 떠오른다고 보고하였고, 관련 기억으로 기도원에서 기도하지만 응답받지 못하는 자신의 모습을 떠올렸다. 또한 파송 전 하나님을 만나게 해달라는 기도에 거절당했지만, 성도들 앞에서 거룩한 척 위장하는 자신의 모습과, 무엇을 기도해도 거절당하는 자신의 모습들이 떠오르며 괴로워하는 모습을 보였다.

이후 상담자는 내담자가 목표 기억으로 돌아오도록 양측성 자극을 10세트 진행하였다. 그러자 내담자는 영안실에 누워있는 아버지의 모습이 지워져가더니, 앞에 아무것도 없고 빈 의자를 보고 있는 자신의 모습이 보였다고 보고하였다. 또한 뭔가 가벼워진 느낌이 드는데 내담자에게 익숙하지 않은 기분이지만 나쁘지 않다고 보고하였다. 이에 대한 내담자의 주관적 불편감(SUDS)은 0점이 되었다.

상담자는 양측성 자극을 5세트 진행하며, 내담자가 "나는 하나님의 사랑받을 만한 가치가 있는 사람이다"를 믿을 수 있도록 하였다. 그러자 내담자의 인지 타당도 점수가 7점이 되었다. 내담자는 비로소 자유함이 느껴진다고 보고하였으며, 마치 빨래가 어지럽게 있었는데 잘 개어져 서랍에 정리된 느낌이 든다고 하였다.

또한 다시 목표 기억으로 돌아가도 마음이 편하다고 보고하면서, "정말 감사해요. 아빠가 안 가셨으면 아빠를 데려가신 하나님이 주시는 선한 것들을 못 받았을 것 같아요"라는 고백을 하였다. 상담자는 내담자의 바디스캔 후 신체의 불편감이 사라졌음을 확인하고 상담을 종료하였다.

아래는 상담을 받고 난 다음 선영 씨가 적은 글이다.

> 상담 첫날은 감정을 드러내는 것이 힘들었다. 아빠에 대한 양가감정을 발견했는데 그건 정말 힘들었다. 내가 가진 기억은 아빠를 좋아하고 아빠와 잘 지냈던 것이었기 때문에 나에게 아빠에 대한 불편한 감정이 있을 줄 몰랐다.
>
> 상담을 받을수록 감정이 바뀐 것이 신기하고 아빠는 생각만 해

도 눈물이 나고 울었는데 눈물이 안 나는 것이 신기했다. 그리고 감사하다. 아빠를 데려가심으로 인해 주신 선물이 크다는 것을 느꼈다.

나를 사랑하시는 아빠를 빼앗아 간 하나님은 처음에는 증오의 존재였다가 이제는 기도할 수 있게 만들어 주신 분이시다. 그래서 전에는 내 안에서 하나님을 멸시하고 있었는데 그게 아니라 아빠를 데려간 이후에 나에게 주시려고 계획했던 것을 보여주신 것 같아서 머리가 아니라 가슴으로 하나님께 진짜 감사한 마음이 들었다.

불안과 우울은 많이 사라졌으며 선교사로서 어머니로서 나의 자존감도 향상되었다. 마음이 편해지니 남편에게 짜증과 화를 내던 나의 모습도 없어졌다.

3. 경숙 씨 이야기

경숙 씨는 20대 후반의 여성이며 2015년 단기선교사로 지원하여 B국으로 파송되었다. 그녀는 활발하고 명랑한 성격이었으며, 심리 상담을 받기 위해 지방 도시에서 야간 침대기차로 밤새 이동하여 상담실을 찾아올 만큼 적극적이었다.

그녀는 평소에 상담에 대하여 긍정적이었으며, 상담을 받고 싶었는데 기회가 없었다고 하였다. 그러던 중 상담자가 팀장님의 초청으로 선교 현장에 온다는 소식을 듣게 되어 기차를 타고 상담을 받으러 왔다고 하였다.

경숙 씨가 가지고 있는 어려움은 이렇다. 첫째는 함께 사역하는 동역자와의 갈등이다. 4명이 함께 팀사역을 해왔는데 룸메이트와 매사에 의견 충돌이 생겨 심한 갈등을 겪고 있었다. 그동안 다른 동료의 중재로 나름 관계를 유지하고 있었는데, 최근 팀원 중 두 명이 추방당하면서 갈등 관계에 있던 팀원과 경숙 씨 두 명만 남는 상황이 되었다고 한다.

다음으로는 선교 사역지에 대한 불안감으로 심한 스트레스를 받는 것이었다. 현지의 공식 언어와 민족어를 모두 습득해야 하는 상황은 큰 스트레스였다. 또한 해당 선교 지역은 테러 위험이 높은 지역으로 분류되어 곳곳에 경찰이 배치되어 있었다. 그래서 백화점이나 쇼핑몰을 가더라도 검문검색이 일상화된 경직된 분위기 탓에 경숙 씨의 생활 전반에 불안과 긴장이 내재되어 있었다.

경숙 씨는 실업계 고등학교를 진학한 것에 대해서도 자신이 잘못 선택한 것이라며 매우 후회하고 있었다. 그녀의 가정환경으로는 부모님이 몇 년 전 이혼했으며, 직장을 다니는 언니와 대학생인 여동생이 있다. 어린 시절은 비교적 사랑받고 자랐으며 가난했지만 행복했다고 한다.

상담 목표를 "자기를 비하하는 일을 멈추고 싶다"로 정했다. 이에 대한 목표 기억*으로는 '초등학교 4학년 때 아버지로부터 당한 성추행'이라고 했다. 이 사건은 평안했던 자신의 삶에 처음으로 찾아온 힘든 사건이며, 이 사건이 없었다면 고등학교 시절의 집단폭행도 없었을 것 같다고 믿고 있었다.

내담자가 고등학교 시절 같은 체육관을 다니며 운동하던 4명의 동료로부터 당한 집단폭행은 정말 치욕스럽다고 하였다. 내담자는 결국 한 명에게서만 사과를 받았고 다른 아이들에게서는 사과조차 받지 못하였다고 한다. 이 기억도 통합처리 해야 하지만 시간이 넉넉하지 못하여 시금석 사건**만을 목표 기억으로 정하고 통합작업을 하기로 했다.

두 번째 목표 기억은 '잘못된 습관으로 인한 자기 비하'이며 이 장면과 관련하여 "나는 선교사로서 실패자이다"라는 부정 인지가 있다고 하였다.

상담자는 내담자에게 EMDR 심리치료의 원리를 알려주기 위하여 안구운동 및 양측성 자극으로 인한 뇌의 작용을 설명하고, 내담자가 해야 할 일들을 설명하였다.

---

* 초점을 두어야 하는 외상 기억.
** 촉발된 사건의 기초가 되는 심리적 외상 사건들 중 가장 최초의 사건의 기억을 "시금석 기억"이라고 한다.

또한 양측성 자극의 방법으로는 무릎 위 손등을 자극하는 방식을 채택하기로 합의하였으며, 안전지대를 구축할 시간적 여유가 없었으므로 심리적 중립 상태유지에 도움을 주는 '심호흡'을 연습하였다.

2회기 상담을 시작하면서 내담자는 약간 긴장한 모습을 보였다. 경숙 씨가 편안한 마음을 유지할 수 있도록 심호흡을 세 번 하도록 하였고, 첫 번째 목표 기억을 다루기 위하여 양측성 자극으로 상담을 진행하였다.

"초등학교 4학년 어느 날, 어둡고 조용한 온돌방에 엄마, 동생, 나, 아빠의 순서로 누워서 자고 있었는데 갑자기 아빠가 내 팬티에 손을 넣었다가 급히 빼더니 곧바로 옆으로 돌아누웠어요."

내담자는 목표 기억을 떠올리면서 "나는 수치스럽다"라는 부정 인지로 정했고, 상담 이후에는 "나는 존귀한 사람이다"라는 긍정 인지로 바꾸기로 결정했다. 목표 기억과 관련하여 내담자의 주된 감정은 '수치심'이었으며, 이에 대한 신체적 감각으로 '생식기에서 불편감'이 느껴진다고 보고하였다.

상담자가 양측성 자극을 2세트 진행하니 내담자의 주관적 불편감

(SUDS)*이 10점으로 올라가면서, 울고 있는 자신과 잠든 아빠의 모습을 보며 매우 괴로워하였다. 이후 8세트를 진행하면서 내담자는 아침이 되어 출근하는 아빠와 엄마 품에 안겨있는 자신을 떠올리며 주관적 불편감(SUDS)을 1점까지 보고하였다.

상담자가 내담자에게 목표 기억을 피하지 말고 직면할 것을 요구하자, 갑자기 생식기의 불편감이 최고치인 10점까지 올라가며 가슴에서 화가 치밀어 올라옴을 호소했다. 상담자는 고통으로 힘들어 하는 내담자에게 깊은 심호흡을 할 수 있도록 유도하면서 울고 있는 내담자를 안아주며 "잘하고 있다"고 격려하였다.

회기를 마무리할 때가 되어도 내담자는 매우 고통스러운 반응을 보였다. 이에 상담자는 심상기법을 사용하여 단단하고 무거운 쇠상자에 시금석 기억(첫 번째 목표 기억)과 고등학교 시절의 괴로운 기억을 넣고 잠그는 심상 작업을 실시했다. 또한 심상으로 잠근 열쇠를 상담자에게 건넨 후 무거운 기억상자는 상담실에 두고 가도록 했다.

---

* 프랜신 샤피로(Fransine Shapiro)가 사용한 SUDS는 정신과 의사이자 행동치료학자인 조셉 울프(J. Wolpe)에 의해 개발되었다. 총 11단계(0~10점)이며 표적심상에서 불편감이 매우 불편하면 10점, 전혀 불편하지 않으면 0점이다. 세션이 진행될 때마다 구두로 평가한다.

다음날 만난 내담자는 오랜만에 잘 잤다며 이번에도 상담의 효과가 있을 것 같다는 기대를 표현하였다. 상담이 시작되고 내담자에게 목표 기억인 초등학교 4학년 기억을 다시 떠올리게 하고 양측성 자극을 주었더니 1세트 자극 후에 깜짝 놀라면서 "아빠가 '엄마인 줄 알았다'고 말한다"고 보고하였다.

경숙 씨는 아빠에 대한 새로운 통찰이 생겼음에도 화가 난 감정에서는 빠져 나오지 못하고 맴돌기가 계속되었다. 그래서 상담자는 빈 의자 기법*을 통해 내담자가 아빠에게 하고 싶은 말을 할 기회를 주었다. 내담자는 10여 분 동안 오열하며 절규하는 반응을 보였다.

이후 내담자에게 편안한 호흡을 하도록 하고, 감정적 중립 상태를 유도하며 지지하고 격려하였다. 그러자 내담자가 엄마한테 그 일에 관하여 말한 적이 있는데 아빠가 잘못한 일이라고 말해 준 기억을 떠올리며 다음과 같이 보고하였다.

"아빠가 부끄러워했어요."

"나에게 뭐라고 말할지 생각하고 계세요."

"아빠가 고민스러워 해요."

---

* 게슈탈트 상담기법 중 가장 유명한 기법으로 '나'의 입장에서 말하다가 의자를 바꿔 앉아서 또 '그 사람'의 입장이 되어 다른 사람과의 관계를 탐색할 때 쓴다.

자극을 주는 세트가 진행됨에 따라 내담자의 연상 속에서 아빠는 미안해하기도 하고 변명을 하기도 하였다. 내담자가 따지기도 하면서 감정과 감각의 불편감이 거의 사라져 갔다. 시간이 다 되어 내담자를 격려하며 회기를 마쳤다.

내담자는 처음보다 훨씬 가벼워진 모습을 보였다. 상담이 끝나면 자신의 고통스런 기억들이 평범한 기억처럼 될 것 같다고 말했다. 상담을 시작하자 내담자는 용서에 대한 부담감이 있음을 꺼내 보였다. 자신은 잘못을 한 누군가가 사과해야 용서를 하는 것이라고 생각하는데 성경은 그렇게 말하지 않고 있는 것 같아 마음에 부담이 있다고 했다.

내담자와 함께 용서에 관하여 이야기를 나누었다. 먼저 상담자의 자기 경험을 이야기해 주면서 함께 용서하지 못한 마음을 공감해 주었고 용서해 주는 것을 선택할 수 있다고 격려해 주었다. 상담자의 사례를 들은 내담자는 용서하기를 선택하고 결정했으니 기도해 줄 것을 요청하였고 함께 기도하였다. 이후 EMDR로 상담을 다시 시작했다.

내담자는 양측성 자극이 진행되면서 심상에서 아버지의 설명과 함께 엄마와 내담자에게 미안함을 표현하는 장면을 경험하게 되었다.

마침내 내담자의 주관적 불편감(SUDS)이 0점에 도달하였다. 상담자는 내담자에게 긍정적 인지인 "나는 존귀한 사람이다"를 주입하기 위해 양측성 자극을 몇 번 더 해주었다.

그 후 내담자의 바디스캔*을 하고 목표 기억이 잘 처리되었음을 확인한 뒤, 이를 내담자에게 알려주었다. 그리고 상담 후에도 기억의 네트워크가 작동하여 계속하여 관련된 기억의 처리가 계속 이어질 수 있는 것과 생활하면서 문득문득 떠오를 수 있다는 것을 설명해 주었다.

내담자는 두 번째 목표 기억인 '잘못된 습관 문제'를 다루기를 원하였다. 목표 기억은 '죄의 유혹을 뿌리치지 못하여 습관적 행동을 하는 자신의 모습'이었다. 목표 기억과 관련하여 내담자가 가진 부정 인지는 "나는 실패자이다"라고 정하였고, 이에 대한 긍정 인지로 "나는 사랑받는 사람이다"로 정하였다. 내담자는 자신의 습관적 행동이 사랑받는 감정을 느끼고 싶어서였는데 그 결과는 오히려 늘 허탈감이었다고 말하였다.

양측성 자극을 3세트 진행하였다. 그러자 내담자는 유혹을 뿌리

---

* 상담자에게 남아 있는 신체의 불편함 등을 체크하는 일이다. 최악의 기억을 떠올렸을 때 신체감각이 불편함이 낮아져야 한다.

치는 장면이 떠올랐다고 보고하였다. 내담자는 이 유혹의 생각이 들자 빨리 기도를 하였는데 기분이 상쾌해지면서 예수님이 내 기도를 들어주셨다는 마음과 '나는 성공할 수 있어'라는 마음이 들었다고 하였다.

그러나 세트가 계속 진행되면서 내담자는 다시 자신을 미워하고 비난하는 감정이 올라온다며 이것이 자신을 비난하도록 하기 위한 사탄의 전략으로 느껴진다고 말했다.

내담자는 기도를 한 후 진행하고 싶다고 요청하였다. 상담자가 요청에 응하여 내담자와 함께 기도를 했다. 그 후 내담자는 자신이 가짜 사랑에 매달려 있는 자신을 깨닫게 되었다는 고백을 하고 회개하였다. 양측성 자극을 더 진행하는 동안, 내담자는 "예수님이 나와 함께 기도하고 계세요. 예수님께서 자신을 보면서 '사랑한다, 내가 다 안다'고 말씀하시며 위로하시는 예수님의 마음이 느껴진다"고 말하였다.

내담자가 느낀 가슴의 허탈감은 1점이 되었다. 계속 자극을 주자 예수님이 자신을 안아주었다고 말하며 허탈감 0점을 보고하였다. "나는 사랑받는 사람이다"를 더 강화해 주기 위해 자극을 더 해

주었다. 상담자와 내담자의 미래 템플릿* 후 상담을 정리하면서 바디스캔을 하니 내담자가 머리를 쓰다듬어 주시는 예수님과 엄마가 안아주는 느낌이 든다고 하였다.

상담이 끝난 후 내담자는 고등학교 시절 당한 폭력의 상담을 받고 싶다고 하여 한국 오면 함께 상담하기로 예약을 하였다.

---

* 회기 중에 얻었던 긍정적 결과들이 성취되고 유지 설정.

4. 선교사의 크고(Big) 작은(small) 외상 이야기

선교사들의 선교사 이전의 경험은 다양하다. 어떤 선교사는 "small t"의 심리적 외상 환경이고 어떤 선교사는 매우 심각한 "BIG T"의 심리적 외상의 환경에서 성장하였다.*

G국의 여성 선교사는 건강하지 못한 부모 역할 모델의 환경에서 무능한 아버지를 경험하며 힘든 어린 시절을 보내고 결혼하여 선교지로 왔다. 그곳에서 사역하다가 무능한 남편을 둔 여성들을

---

* 빅 티 트라우마(Big T trauma)는 하나 혹은 일련의 충격적 사건 후에 보이는 심신의 적응 반응을 말하고, 스몰 티 트라우마(Small t trauma)는 오랜 시간 지속적으로 부정적 경험에 노출된 결과로 생기는 몸과 마음의 적응 반응을 말한다.

만나면 그 현지인 여성의 어려움에 공감만 하는 것이 아니라 역전이 현상이 일어나기도 했으며, 재정으로 인한 어려움이 생기면 남편 선교사의 무능함으로 느껴지면서 심하게 화를 내기도 했다고 고백한다.

사실 남편을 무시하고 산 것 같다는 고백을 하기도 한다.[*] H국의 I 선교사는 가정폭력을 견디지 못한 엄마의 가출로 인해 심한 거절감을 가지고 살았으며 엄마의 가출 이후 어린 시절 허리 벨트로까지 맞는 외상의 상처가 있었다.

I 선교사의 경우는 여성상과 남성상의 왜곡으로 인해 부부대화에 많은 오해와 마찰이 있었다. 부모의 사망에 애도의 시간을 충분히 갖지 못하여 자신도 모르는 슬픔과 왜곡된 인지로 가족과의 관계의 어려움을 호소하기도 했다.[**] 맞벌이 하는 부모님이 유아기 시절 자신을 방에 가두어 놓고 일하고 돌아오신 기억이 있는 선교사의 부부관계도 매우 극단적인 상황이었다.

결국 이들 부부는 선교사 탈락의 지경에까지 이르렀다. 또한 어린 시절 친인척으로부터 성추행당하는 등 보호받지 못한 분노로 고통당한 선교사는 현장에 파송되어서도 이유 모를 불안감으로 팀원

---

[*]   A국 B선교사의 고백, 2016년 2월 상담 2회기 중.
[**] C국 D선교사의 고백, 2017년 4월 상담 1회기 중.

들과의 관계에 어려움과 자녀양육에 지나친 불안감을 느끼며 사역에 어려움을 호소하기도 한다.[*] 부모님으로부터 인정받지 못하며 비교당하고 자란 선교사는 사역의 본질보다는 실적에만 마음을 쓰게 되어 선교사의 정체성이 흔들리는 사례도 있다.

이것은 사역 현장에서 오는 스트레스와 촉발되는 사건들에 의해 불안, 우울, 자존감 저하의 형태로 나타나기도 한다. 이러한 증상의 근본 원인은 조각나서 뇌의 편도체에 따로 저장되어 있는 외상 사건의 영향이며, 그 최초의 원인은 대개가 파송 전 양육과정 혹은 성장과정에서 생겼다. 그러므로 선교사의 파송 전 심리적 외상의 치료는 건강한 선교활동을 위해 꼭 필요한 부분이다.

위에서 언급한 선교사는 유아기 시절 방에 있는데 밖에서 문을 잠그고 일하러 가셨던 맞벌이 부모님과의 외상 기억이 있다. 그래서 남편이 선교적인 일로 집에 오지 못하거나 홀로 밤을 지내면 그 일을 받아들이지 못해 화가 나고 버림받는 느낌으로 불안하다. 남편과 관계도 문제지만 선교사 사회에서도 문제가 되니 자기비난과 우울감이 찾아온다. 이것은 결국 자존감의 저하와 정체성의 혼란으로 이어지지만 본인은 문제의 원인조차 잘 모른 채 선교사 탈락의

---

[*] E 국 F 선교사의 고백. 2014년 12월 상담 1회기 중.

길을 향해 가는 것이다.

선교사의 심리적 외상은 일반인의 심리적 외상보다 더욱 'Big T'의 상처가 많다. 테러로 인한 남편의 순교와 지속되는 선교사역으로 인한 수많은 억압들, 뜻밖의 순교와 이 현장을 목격한 선교사와 자녀들의 상처, 이슬람권과 공산국가에서 계속되는 테러의 위협과 추방의 거절감과 불안감, 동료 선교사의 추방과 관련한 불안, 떠나보내는 거절감 등의 상처들, 현지인 제자들이 예수 믿는다고 당하는 구타나 감옥에서의 고난 등이다. 가족과 지역공동체로부터 당하는 집단 따돌림과 처벌 등의 고난을 지켜보는 고통으로 한 선교사는 허리뼈가 내려앉고 이가 다 내려앉는 고통을 겪고 있었다.

이러한 극심한 사례 이외에도 선교사들은 새로운 문화에 이방인으로 들어가면서 단순한 말을 하려 해도 어린아이같이 애써야 하고 계속적으로 실수를 저지르게 된다.

또한 본국에서는 일상적으로 아무런 어려움 없이 할 수 있었던 장보기, 요리, 은행 업무, 세탁, 우편물 처리, 병원 진료, 여가와 휴식시간 갖기 등의 단순한 일조차도 선교지에서는 커다란 정신적 부담이 되고 많은 시간이 소모된다.

그러나 타문화 적응 과정에서 선교사들이 겪는 스트레스는 문화적인 충격만은 아니다. 선교사들은 본국에서 누리던 대부분의 친밀한 관계를 상실한 채 낯선 곳에서 새로운 사람들과 익숙하지 않은 방식으로 관계를 맺어야 한다. 사회적으로 자신의 정체성을 상실하는 경험 또한 주요한 스트레스 요인으로 작용한다.[*]

대인관계에서 겪는 문제 또한 선교사들이 겪는 주요한 심리적인 어려움이다. 이는 선교사들이 경험하는 스트레스와 어려움에 대한 많은 선행연구를 통해서 확인할 수 있다.

김동연의 연구[**]에 따르면, 선교사들에게 가장 많은 스트레스 요인은 '선교사 간의 갈등'이고, 그 다음이 '현지인과의 갈등'이다. '부부간의 갈등'과 '후원 교회와의 갈등' 또한 선교사들이 경험하는 10가지 주요한 스트레스 목록에 포함되어 있어서 비율로 보면 전체 응답자의 50%가 대인관계 갈등으로 인해 가장 스트레스를 받는다고 응답하였다.

선교사로 파송되기 전에 가지고 있던 심리적 문제의 악화 또한 선교지에서 선교사들이 겪는 심리적 어려움이다. 고국에서 받은 마음의 상처가 치료되지 않은 상태에서 선교지로 나왔다면 그 마음의 상처가 불신과 두려움으로 말미암아 더욱 깊어질 수 있다.[***]

---

[*] 고현주, "장기 선교사의 탈진 실태와 요인 분석에 관한 연구: 선교사 멤버 케어 적용," (미간행 석사학위 논문, 총신대학교 선교대학원, 2004), 16-27.
[**] 김동연, "타문화권 선교사의 스트레스 요인과 관리에 대한 연구," (미간행 석사학위 논문, 총신대학교 선교대학원, 2000), 11-20.
[***] 강병문, "선교사 스트레스 이해와 그 대책", 「성경과 상담」 제3권(2003), 59-68.

Chapter 5

어바웃 Helping Hands

　재난 피해자의 정신건강 회복을 위해서는 재난 후 위기 개입의 시기가 중요하다.

　사고가 발생한 일주일 이내는, 피해자들은 사고의 사태파악이 우선이므로 유가족들은 심리적 지원보다는 실제적인 도움을 필요로 한다. 무엇보다 유가족들의 안정화를 위해 주거공간이나 쉼터를 확보하고 신체적 편안함을 가지도록 관심을 기울이고 유가족들의 상태와 심리를 악화시킬 수 있는 요인에 주의를 해야 한다.

　다행히 웨이하이 소재 한인회와 학교측 그리고 영사관에서 유가족들을 위해서 이미 도움을 주고 있다고 들었다. 우리가 찾아간 때는 사고 후 3주째로 유가족들에게 외상 후 나타날 수 있는 반응들이 나타나고 있었다. 불안, 우울, 예민, 무감각, 죄책감, 수치심, 불면, 악몽, 식욕변화, 불신감과 분노, 인지능력의 변화, 의미 상실, 회의감 등 유가족들에게서 불편한 여러 증상들이 나타나고 있었다.

우리는 유가족들의 증상 회복과 적응을 위한 도움이 필요한 적절한 시기에 찾아갔었다.

1. 어바웃 카운슬러 • 김규식

 내담자의 트라우마가 치료되었다는 말은 외상 기억이 처리되어 기억 네트워크에 통합이 되었다는 것을 의미한다. 이러한 결과를 얻기 위해서는 상담자는 내담자가 상담 장면에서 치명적 외상 경험을 재경험하도록 유도할 필요가 있다.
 그래서 상담자는 내담자에게 이중인식(dual attention)을 강조한다. 내담자는 안전한 상담실에서 전문적으로 훈련받은 상담자와 함께 있음을 인식하면서, 동시에 외상 사건과 관련된 최악의 장면을 생생하게 떠올리는 작업을 해야 한다. 그런데 이것이 쉽지가 않다.

트라우마로 힘들어 하면서도 해리 증상 때문에 아픈 상처를 기억조차 하지 못하는 사람들이 있기 때문이다. 사랑하는 가족과 이별하는 것이 너무 아파서 내게 재난이 일어났음을 부정하고 부인하는 사람도 있다.

엄청난 재난을 당한 사람이 두뇌의 감정과 감각의 스위치를 아예 꺼버려서 최악의 장면을 떠올려도 아무렇지도 않은 사람들도 있다. 힘든 일을 겪고 나면 그 장면을 다시 직면하기보다는 회피하고 도망가려고 하기 때문이다.

민수기 21장의 불뱀 사건을 상상해보라. 많은 이스라엘 백성들이 광야 한가운데서 불뱀에게 물려 죽는 사건이 발생한 것이다. 아들이 불뱀에게 물려 죽고, 아버지가 물려 죽고, 친한 친구가 물려 죽고…. 불뱀 자체가 혐오스럽고 무서운 것이다. 불뱀은 쳐다보기도 싫은 것이다. 불뱀이라는 말만 들어도 소름이 돋을 것이다. 어떻게든 불뱀을 쳐다보는 것을 피하고 싶은 것이다. 그래서 모세가 백성을 위하여 하나님께 이렇게 기도드렸다.

> 이 뱀들을 우리에게서 떠나게 하소서(민 21:7).

그런데 하나님께서는 이렇게 말씀하셨다.

불뱀을 만들어 장대 위에 달라 물린 자마다 그것을 보면 살
리라(민 21:8).

살기 위해서 놋으로 만든 불뱀을 쳐다보아야 하는 재경험이 필요한 것이다. 그런데 쳐다보기가 너무 두렵고 공포스러운 것이다. 사랑하는 가족이 불뱀에게 물려 고통스럽게 죽어가는 그 장면이 재현될까 봐 두려운 것이다. 그래서 불뱀에게 물려 죽어가면서도 감히 고개를 들어 불뱀을 쳐다볼 수 없어 사람들이 그냥 죽어가고 있는 것이다.

상담자의 역할이 무엇일까?

이번에 웨이하이 재난 참사에 심리상담 봉사를 하면서 상담자의 전문성이 참 중요하다는 것을 더욱 절실하게 느꼈다. 상담자는 궁극적으로는 놋뱀을 쳐다보기를 두려워하는 사람들을 잘 다독이고 설득하여 마침내 놋뱀을 쳐다보게 하여 살리는 일을 하는 사람이다.

이 일을 잘 감당하기 위해 헌신된 마음과 열정이 필요하다. 동시에 전문적 훈련이 있어야 한다. 상담자는 불뱀에게 물린 사람들에게 나타나는 증상에 대한 이해, 응급처치 방법, 불뱀에 물린 사람들의 심리적 특성에 대한 이해, 그리고 장대에 매달린 불뱀을 쳐다보게 하는 상담자의 기술, 이 모든 것을 종합적으로 갖추어야 한다.

우리 팀은 재난 상담에 익숙하지 않은 상태에서 웨이하이를 다녀왔다. 우리 팀원들은 그곳에서 열정과 헌신으로 상담봉사를 하였다. 물론 크고 작은 성과도 있었지만 재난 상담에 충분히 준비되지 않은 자신들을 발견하는 시간이기도 하였다.

재난 현장의 상담은 상담실에서 내담자를 만나는 일반 상담과는 그 구조가 많이 다르기 때문이었다. 다음에 재난 현장에서 투입되기 위해 어떤 부분이 보완되어야 하는지에 대해서도 성찰할 수 있는 기회였다.

너무나 부족했던 우리를 믿고 함께 상담의 시간을 보내주셨던 유가족들을 생각하면 더욱 감사하고 고맙다. 아무 대가도 없이 자비량으로 재난 현장에 달려가서 함께 울고 아파했던 우리 팀원들, 엄미라, 김지희, 전연수, 정정호 한 사람 한 사람에게 고맙고 감사한 마음을 전한다.

지금 유가족들은 어떤 모습으로 어떻게 살아가고 있는지 궁금하다. 그리고 언젠가 그분들을 다시 만나 색다른 멋진 춤을 함께 출 수 있는 기회가 오기를 소망한다.

2. 어바웃 카운슬러 · 엄미라

　생기 넘치는 계절의 여왕 5월, 푸르름이 절정에 달한 그 계절의 끝자락에 우리에게 하나의 미션이 전달됐다.

　2017년 5월 9일, 중국에서 유치원 버스 화재로 많은 수의 아이들이 목숨을 잃는 대형사고가 발생한 것이다. 당시 사드(THAAD) 문제와 대통령선거로 일색인 미디어 상에서 그 사고는 사람들의 관심을 끌지 못한 채 그저 안타까운 기사로 여겨지고 이내 잊혀지고 말았다.

　하지만 그 사고가 우리에게 미션으로 주어지면서 그것은 단순한 뉴스 이상이 되었다. 유가족들과의 상담이 결정된 순간부터 그들의 아픔과 슬픔에 공감하면서 그들을 위한 고민이 시작됐다. 짧은 일주일 동안의 상담이 얼마나 그들을 위로할 수 있을지, 우리가 마주한 이 상황을 어떻게 효율적으로 풀어나갈지가 과제였다. 무엇을 어떻게 할 것인가 하는 막연함 속에서 꼭 해야 한다는 책임감 또한 우리가 이겨내야 할 부담이었다.

낯선 도시에서는 2주 전에 있었던 사고의 아픔이나 고통의 흔적이 보이지 않았다. 늘 그랬듯 태양은 떠오르고 사람들은 제각기 바쁜 발걸음을 내딛으며 하루를 보내고 있을 뿐이었다. 우리가 도착한 호텔은 조용한 가운데 무언의 무게감이 느껴졌다. 유족들을 위한 배려이자 애도인 듯한 그 무게감이 내게는 무거운 무언가가 심장 위로 올려지는 느낌이었다.

숙소에 짐을 풀고 곧바로 30여 분 떨어진 곳에 마련된 어린 보배들의 영정 앞에 조문을 하고 돌아왔다. 그리고는 사고 1주차 때 유가족들이 감정 응급처치를 받았다는 것과 사고 수습이 지연됨으로 인해 상담을 받는 것에 너그럽지 않다는 소식을 들었다. 우리는 잠시 어떻게 이들의 마음을 열 수 있을지 고민했다.

영사관 측의 설득으로 저녁 식사 후 유족들이 잠시 모인 가운데 EMDR 치료기법에 관해 강의하기로 계획했다. 먼저 우리는 무엇을 어떻게 해야 할지 정하기 전에 이곳에 우리를 보내신 하나님께 모든 것을 맡기기로 했다. 우리는 그들이 마음을 열 수 있도록 최선을 다해 강의했고 감사하게도 그들의 마음이 움직이기 시작했다.

강의를 듣는 중간중간 눈물을 흘리는 유가족들에게 다가가 조용히 손수건을 건넸다. 그들에게 우리의 마음을 표현하기 위해 미리 준비해간 선물이었다. 하나 둘 이어지는 유가족들의 질문에 답하는 동안 그들의 마음이 조금씩 동요되는가 싶더니 몇 가정이 상담을 받겠다고 나섰다.

다음날 오전, 우리가 유가족들의 방으로 직접 찾아가면서 상담이 시작됐다. 한 사람 한 사람 상담을 진행하면서 어려움이나 잘 풀리지 않는 부분들을 함께 풀어가기 시작했다. 유가족들의 작은 변화와 안정을 찾아가는 모습에서 우리의 마음에도 조금은 쉴 공간이 생겨났고 낯선 땅을 찾아온 의미도 찾게 됐다.

짧은 일주일이었지만 우리에게는 긴 여정이었다. 창밖으로 보이는 낯선 땅의 이국적 풍경이 눈에 들어온 것도 도착 후 며칠이 지나서였던 것 같다. 좀 더 머물 수 있었으면 하는 아쉬움과 유가족들의 애도의 시간을 남겨둔 채 그들 스스로 그 기억의 터널을 지나갈 수 있기를 소망하며 걸음을 옮겼다.

3. 어바웃 카운슬러 • 김지희

주일 모든 일정이 끝나고 쉬고 있는데 전연수 선생님한테서 전화가 왔다. 11시가 가까운 시간이라 늦은 시간에 전화가 오니 무슨 일인가 궁금했다.

그런데 난데없이 중국을 가자며 그곳에서 일어난 사고에 대해 설명을 했다. 우리 학교에서 급하게 상담 팀을 구성해서 떠나기로 했다는 것이다.

너무나 갑작스런 제안에 예전 같았으면 나는 생각하고 고민할 시간을 달라고 했을 텐데, 이번에 선생님이 함께 가자는 말에는 별 망설임도 없이 가겠다고 대답을 했다.

솔직히 다른 것은 생각하지도 않았고 우리가 가는 그곳이 중국이라는 말에 나는 바로 예스라고 답을 했다.

중국에 대해서는 개인적인 의미도 있었지만 왠지 사울의 선교 여행이 생각나면서 나도 마치 그곳에서 "우릴 도우러 오라"고 손짓하는 느낌이 순간 들어서 다른 이유는 따지지 않고 가기로 답했다.

처음에는 당장 이삼 일 뒤에 떠나는 것으로 알았는데, 막상 일을 진행하면서 비자 문제로 일주일 정도 출발이 늦춰졌고, 그러면서 우리는 더 세밀하고 꼼꼼하게 준비하고 기도하는 시간을 가질 수 있었다. 시간의 늦춰짐이 오히려 상담에 유익하였는데, 주님이 우리와 함께 일하셨다는 것을 중국에 도착해서 유가족을 만나면서 바로 알 수 있었다.

사고가 나고 3주째 되었을 때 그곳을 방문했는데 우리는 재난 상담을 하기에 적당한 시기에 투입이 된 것이다. 우리가 만난 유가족들에게 트라우마 증상들이 구체적으로 나타나고 있었기 때문에 만약 시기를 놓치거나 미뤄졌다면 신체화나 여러 가지 감정적 증상으로 장기화될 수 있었을 것이다.

초보 상담가로서 재난의 현장에 간 나는 말할 것도 없고, 함께 간 선생님들 모두가 가장 겸손하고 순수한 마음으로 유가족들을 상담했다고 감히 확신하며 말하고 싶다.

늘 큰 소리로 웃기를 좋아하는 내가 그곳에 있는 동안은 주님 말씀처럼 '애통하는 자에게 위로가 임하는 것'을 온몸으로 경험할 수 있었고 상처로 인해 아파하는 사람들과 함께 울 수 있음에 감사했다. 유가족과 교사들을 마주보고 앉아 그들이 느끼는 슬픔과 상실감, 불안, 두려움, 죄책감 등 말로 표현할 수 없는 감정들을 함께 느끼고 있다는 것을 서로 함께 흘리는 눈물을 통해 알 수 있었다.

내담자의 감은 두 눈 안에서 흔들리다가 멈추기를 반복하는 눈동자의 움직임을 보며 '주님, 이 순간에 치유하소서' 기도했다. 나의 간절한 바램이 움직이는 나의 손을 통해 전달되기를 바랬다.

나는 진정한 상담자이신 우리의 창조주가 이미 사람의 뇌 속에 치료의 메카니즘을 두셨다는 것을 믿었고 나는 그저 '돕는자'라는 것을 스스로 잘 알고 있었다.

4. 어바웃 카운슬러 · 전연수

나는 전부터 재외국민 상담을 하면서, 타국에서 겪는 슬픔이나 아픔은 더 고통스럽다는 것을 알기에 곧장 가족의 허락을 받고 달려가게 되었다.

자신의 분신과 같은 어린 생명을 먼저 하늘로 보낸 고통을 어찌 상담으로 다 해결해줄 수 있겠냐만은 고국에서 함께 아파하는 이가 있다는 사실을 알게 해주고 싶었다. 함께 울기라도 하고 싶었다. 그분들의 눈물을 닦아주고 싶었다. 숨이라도 크게 쉬도록 도와주고 싶었다.

그렇게 달려가서 만난 부모님들의 절규는 "자식은 죽었는데 내 살자고 상담을 받아야 하겠냐?"는 반문이었다.

교수님이 남아 있는 부모가 잘 살자는 것이 아니라 사랑하는 아이의 소원을 들어주고 마음을 추스려 아이를 위해 사고처리를 잘 하자는 의도라고 진솔한 마음을 전하자, 진심이 통했는지 유가족들이 마음을 열기 시작했다.

나는 어디서든지 잠을 잘 자는 편인데 그 기간만큼은 매일 밤 새벽까지 잠을 못 이루고 숙소인 호텔 마당을 거닐었다. 마당에라도 나가보려고 유가족들이 머무는 4층을 거쳐 내려가면 알 수 없는 무거움이 와 닿았다. 아이들에 대한 그리움이 나에게도 전이되어 상담하는 내내 그 어느 때보다 한국에 있는 가족들이 많이 보고 싶었다.

그 슬픔이 나비 되어 날기까지 얼마나 많은 시간이 필요할까?

나는 그들과 함께 슬픔에 머물다 돌아왔다. 그 어린 천사들을 가슴에 넣고 돌아왔다. 잊지 않을 것이다. 마음을 함께 했으니.

그리고 축복합니다. 천사들의 유족들을….

나는 사람들을 얻었다.

함께한 소중한 사람들을

잃은 슬픔 뒤에 사람 얻은 기쁨을

선물로 받았다.

5. 어바웃 카운슬러 • 정정호

얼마 전 유명했던 드라마 '태양의 후예'에서 여성 주인공은 의료팀을 구성하여 해외 봉사를 준비하고 남성 주인공은 특수임무를 수행했던 것처럼, 우리 트라우마 상담 지원팀도 드라마의 주인공들처럼 구성됐다.

유시진 대위가 한 통의 전화를 받고 특수임무 수행을 하기 위해 길을 나서는 드라마의 한 장면같이 도움을 청하는 전화 한 통에 우리는 금방이라도 국가가 준비한 헬기에 몸을 싣고 상담을 위해 길을 나서야 하는 사람들 같았다. 그 길을 나서는 우리는 유시진 대위와 같이 특수임무를 수행하는, 전문적으로 훈련된 팀이 아니었기에 모든 것이 두렵고 새로운 길이었다.

그 길을 나서기 위해 우리는 사건에 대한 이해로부터 상담 지원에 필요한 교육과 상담의 기법들을 다시 한 번 점검하고 세상의 한 구석에서 얼어붙은 기억 속으로 갔다. 그 땅에서 자식을 잃은 부모에게 무슨 말을 해야 할지, 어떻게 그들의 옆에서 그들과 함께 눈물을 닦아 주고 함께 울어줄 수 있을지, 우리는 함께 고민하며 준비하였다.

많은 준비하고 나아가는 길이었지만 많은 경험이 없는 우리에게는 모든 것이 새로운 환경들이었다. 학교 관계자들과 우리 팀, 총영사관과 우리 팀, 유가족 대표와 우리 팀, 3박자의 선율의 화음이 되어 아름다운 치유의 노래가 되기를 기도하며 소망했다. 그 화음이 불협화음이 되지 않기를 우리 모두는 기도했다. 그리고 각 팀들과 함께 행정의 묘미도 살려야 하는 상담 지원이었다.

드라마 속의 여 주인공이 의료지원팀을 구성하여 봉사 할 때도 의사만 가는 것이 아니라 의료진과 의무기록과 약품관리를 할 수 있는 팀이 함께 구성된 것처럼, 유시진 대위의 팀만 파병된 것이 아니라 군수로부터 시작하여 한 대대급이 파병된 것처럼, 상담 지원팀 또한 상담의 실무자뿐만 아니라 상담의 원활한 지원을 위한 지원팀과 행정적 실무를 제공할 수 있는 상담행정 또한 중요하다는 것을 이번 기회를 통하여 깨닫게 되었다. 재난을 당한 재외국민을 위한 상담 지원을 처음 경험하면서 우리는 효과적인 상담을 위해서는 마음의 감정과 머리의 이성을 함께 움직여야 한다는 것을 알게 되었다.

> 당신과 내가 좋은 나라에서 그곳에서 만난다면
> 서로 하고프던 말 한마디 하지 못하고
> 그냥 마주보고 좋아서 웃기만 할거요.
> 아무 눈물 없이 슬픈 헤아림도 없이
> 그렇게 만날 수 있다면…
>
> -시인과 촌장, '좋은나라'-

에필로그

🍀 일주일 동안 우리는 '심리상담'이라는 음악회를 가졌다. 마음으로 즉흥적으로 지은 슬픈 음악들이 연주되었고 그 음악에 맞춰 우리는 춤을 추었다.

아이를 잃은 슬픔에 오직 슬픔으로만 춤을 추는 이, 그래도 남은 삶을 살기 위해 애써 의미를 찾는 춤을 추는 이, 내게 일어난 일을 부인하고 부정하는 춤을 추는 이, 죄책감에 벗어나지 못하고 고통스럽게 춤을 추는 이, 아무것도 할 수 없는 무능함에 분노하며 춤추는 이.

그런 이들과 우리는 형식에 매이지 않은 영혼의 춤을 추었다. 마음이 가는 대로 춤을 추면서 자연스럽게 상처로 얽힌 기억의 실타래를 풀어가며 스스로를 치유할 수 있었다. 스스로 고치에서 나와 날개를 펴고 날아가는 나비처럼 자유롭게….

🌸 우리 상담팀원들은 유가족들과 유치원 교사들을 만나 그들이 얼마나 가슴이 저미도록 아파하는지 느꼈다. 아이들을 생각하며 스스로 고통과 아픔의 감옥에서 나오기를 거부하는 부모들을 마주했다. 아이를 잃어버린 트라우마를 치료받아야 하지만 치료를 거부하는 부모들의 마음을, 우리 또한 자녀를 가진 부모이기에 그 마음을 헤아릴 수 있었다.

그러나 상담사로서 우리는 그들의 아픈 마음을 회복시키고자 하는 의지를 포기할 수는 없었다.

🌸 어느 날 갑자기 일어난 일, 언론 매체에서도 갑자기 사라져버린 일, 그러나 절대 사라지지 않을 기억으로 아파하는 유가족들을 만나 함께 아파했던 순간들이 우리의 기억에서 사라지기 전에 이 책으로 남긴다. 우리들은 각자 자신이 상담했던 소회들을 이 책에 담았다. 세련되지도 않고 갖춰진 틀도 없이 우리들 이야기를 솔직하게 적었다. 그래서 더 소중한 책이라고 생각한다.

🌸 오늘도 지구상 곳곳에는 수많은 사람들이 슬픔과 마주한 채 살아가고 있다. 상실이 주는 아픔과 고통을 마주하며 견딜 수 있는 삶을 준비하는 사람은 없다. 그들에게 아파하지 말라고 슬퍼하지 말라고 말하지 말자. 그 그리움의 끝에 서서 오래도록 그리워하며 그 시간을 견딜 수 있을 때까지 함께 동행해줄 수 있기를 바란다. 그 아픔의 시간들을 고통이라 하지 말고 또 다른 삶의 여행처럼 가벼운 마음으로 다녀오길 소망한다.

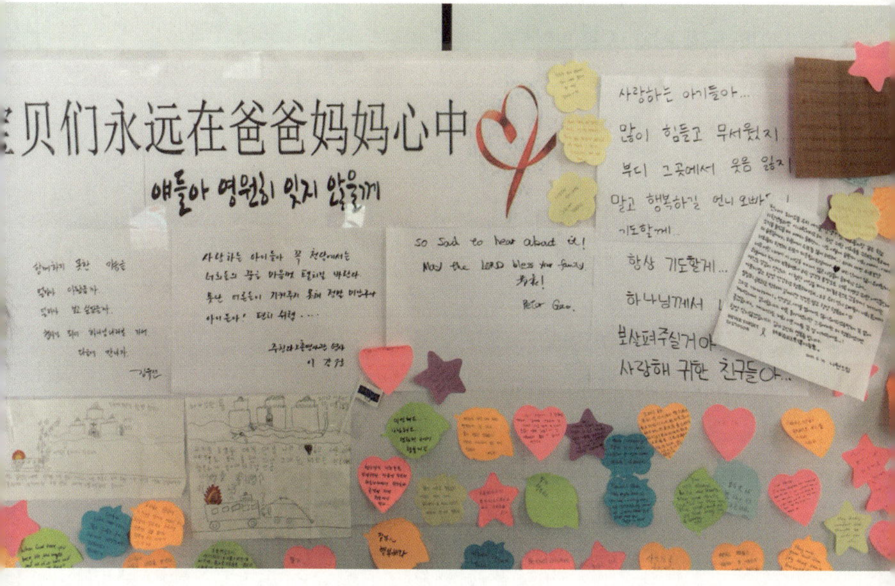

사랑하는 열한 보배
서진, 현규, 연아, 나연, 상율, 명우, 지혜, 승빈, 가은, 승현, 예박
우리의 기억속에 언제나 너희와 함께 한단다.
그곳 하늘나라에서 영원히 행복하렴...

슬픔, 나비 되어 날아가다

GRIEF, FLYING WITH THE BUTTERFLIES

2018년 2월 28일 초판 발행

지 은 이	김규식, 엄미라, 김지희, 전연수, 정정호
편 집	정희연, 정재원
디 자 인	서민정, 전지혜
펴 낸 곳	밀알서원
등 록	제21-44호(1988. 8. 12)
주 소	서울시 서초구 방배로 68
전 화	02) 586-8761~3(본사) 031) 942-8761(영업부)
팩 스	02) 523-0131(본사) 031) 942-8763(영업부)
홈페이지	www.clcbook.com
이 메 일	wbbkor@gmail.com
온 라 인	기업은행 073-085404-01-017
	예금주: 박영호(밀알서원)

ISBN 978-89-7135-083-6 (03180)

* 낙장 · 파본은 교환해 드립니다.

이 도서의 국립중앙도서관 출판시 도서목록(CIP)은 서지정보유통지원시스템 홈페이지(http://seoji.nl.go.kr)와 국가자료공동목록시스템(http://www.nl.go.kr/kolisnet)에서 이용하실 수 있습니다.
(CIP제어번호: CIP CIP2018003815)